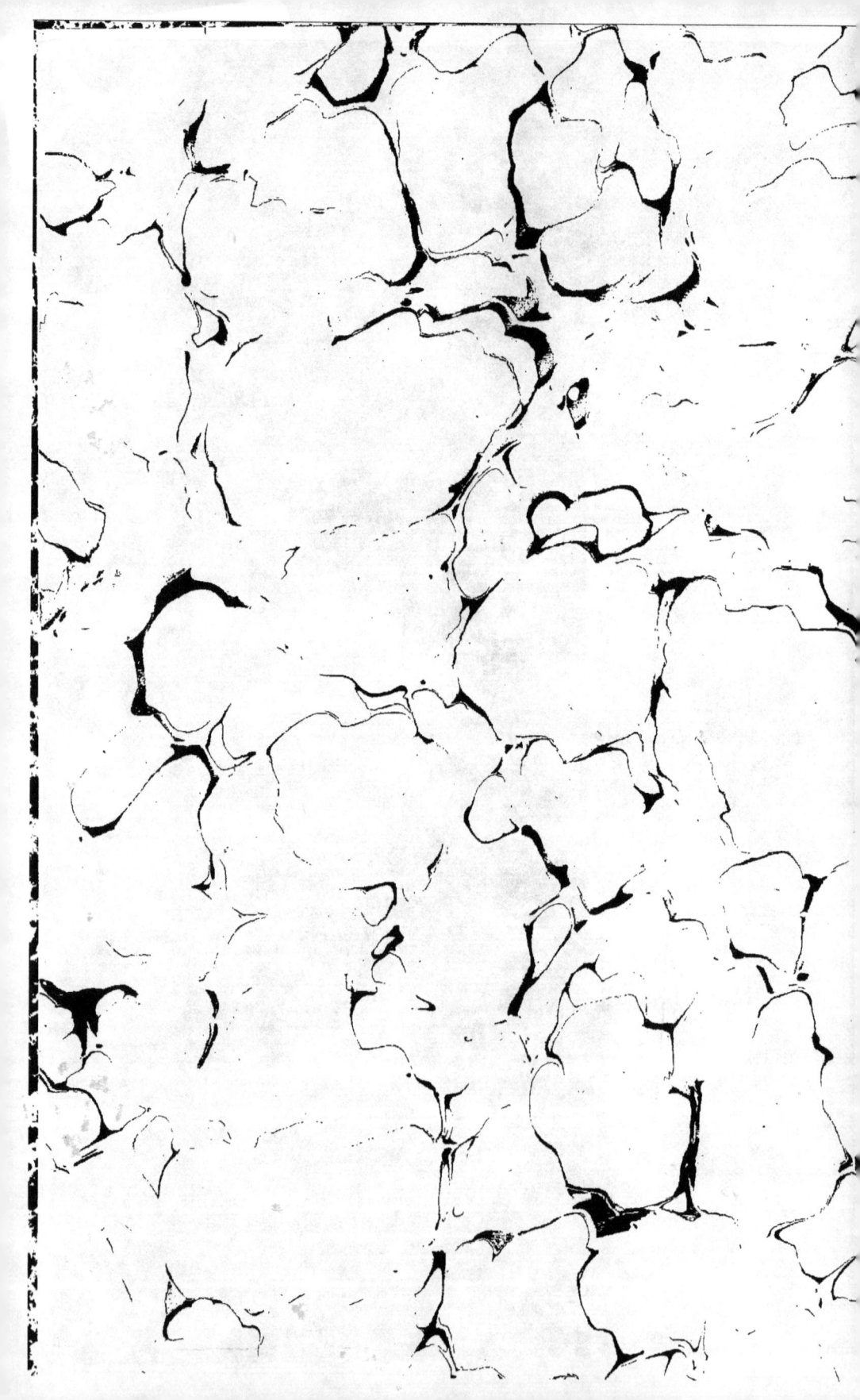

L'ART
DE
LA TOILETTE

MÉTHODE NOUVELLE POUR TAILLER, EXÉCUTER OU DIRIGER

AVEC ÉCONOMIE ET ÉLÉGANCE

TOUS LES VÊTEMENTS DE DAMES ET D'ENFANTS

PAR

Mlle MARIETTE

QUARANTE PLANCHES DE PATRONS

Trente-neuf planches de Modes tirées hors texe

PARIS
LIBRAIRIE CENTRALE, BOULEVARD DES ITALIENS, 24

1866

L'ART
DE LA TOILETTE

LAGNY. — IMPRIMERIE DE A. VARIGAULT

PL. 1.

L'ART
DE LA TOILETTE

MÉTHODE NOUVELLE POUR TAILLER, EXÉCUTER OU DIRIGER

AVEC ÉCONOMIE ET ÉLÉGANCE

TOUS LES VÊTEMENTS DE DAMES ET D'ENFANTS

PAR

MLLE MARIETTE

QUARANTE PLANCHES DE PATRONS

TRENTE-NEUF PLANCHES DE MODES TIRÉES HORS TEXTE

PARIS

LIBRAIRIE CENTRALE

24, BOULEVARD DES ITALIENS, 24

1866

AVIS IMPORTANT

Pour faciliter l'application de la méthode que nous allons soumettre à nos lectrices et pour éviter des répétitions de mots qui souvent auraient pu les troubler, nous avons dû classer les divers genres de vêtements sous trois dénominations. Nous ne les avons pas inventées, ces dénominations, mais nous les avons exhumées du passé. Qu'on ne s'étonne donc pas, par exemple, de voir ici revivre les noms de *douillette* et de *capote* à côté de la *robe* proprement dite. La douillette est encore le vêtement de gens âgés, et sous le nom de capote on ne désigne aujourd'hui qu'une sorte de chapeaux de femmes ; il ne faut donc pas confondre.

Voici en quelques lignes ce que nous avons classé sous ces trois titres : *douillette, capote* et *robe* :

1° Le mot *douillette* est très-ancien. Il est, dit-on, le premier adjectif qui qualifia la robe à taille plate et s'identifia à elle, en lui donnant son nom. Nous avons cru devoir l'appliquer à notre patron-mère. Notre patron de la douillette est celui qui rend parfaitement la forme du corps et de tous ses contours. Ceci posé, on a, avec ce patron, toutes les modes des robes à taille plate du passé, du présent et de l'avenir.

Les gravures des journaux de mode les plus anciens sont conformes à celles d'aujourd'hui. Elles ne diffèrent entre elles que par une taille à pointe ou une taille ronde, le tour du cou plus ou moins décolleté et les ornements qui les parent ; la jupe a plus ou moins d'ampleur, elle est plus ou moins longue, mais le patron est toujours le même.

2 Le mot *capote* comprendra tout ce que, très-anciennement, on nommait robe-capote, c'est-à-dire les robes dont les coutures sont un peu plus élevées que celles de la douillette. Enfin, sous cette désignation, on aura tous les patrons des robes dites de ville.

3° Le mot *robe* désigne pour nous toutes les robes dont les coutures arrivent sur le haut de l'épaule, c'est-à-dire toutes les robes décolletées. C'est, à proprement parler, le vêtement de soirées, de bals ou de grandes cérémonies.

Ceci dit, que nos lectrices se le rappellent, et elles ne pourront pas faire de confusion; alors notre système se déroulera sous leurs yeux avec une grande simplicité.

A MA FILLE

I

LE FIL

Pour célébrer ton arrivée au château, ta bonne maman a donné une fête brillante.... Je reconnais bien là ma chère mère : maladive et isolée, elle a voulu te montrer que si tu as quitté la tienne, pour aller dans son manoir l'entourer de tes soins, de tes caresses ; pour répandre cette animation et cette vie que la jeunesse porte avec elle et communique à tout ce qui l'approche ; elle ne te fera manquer ni de société, ni de plaisirs.

A son âge, on a besoin de distractions ; on se reporte vers les plaisirs que l'on ne peut prendre, mais que l'on aime encore parce qu'on les procure. C'est pour cela que, tout entière aux fêtes de bonne maman, je crains de te voir négliger les principes que les dames du Sacré-Cœur ont mis tant de soins à t'inspirer et à te montrer. Pour que rien de semblable n'arrive, je laisserai à bonne maman le soin de tes récréations, et je me chargerai, moi, de compléter ton éducation par mes conseils.

Dans le monde, et de nos jours, les arts d'agrément tiennent beaucoup trop de place, absorbent beaucoup trop de temps. On néglige les choses utiles, et l'on a tort. Que de bonheur on perd ! que de privations surgissent !

La danse, la musique, le dessin, la peinture même, ne sont chez la femme que l'accessoire de ce qu'elle doit avoir.

La jeune fille comme toi, mon enfant, se rend intéressante par les qualités de son cœur, devient gracieuse par ses talents réels et utiles, touchante par sa modestie et ses vertus.

Tu as été charmée d'entendre les mélodies de madame la comtesse de Beauchant; et voilà que tu t'escrimes sur ton piano ; tu voudrais, me dis-tu, danser avec la grâce et la légèreté de mademoiselle de Pasbrillant, et tu vas consacrer quelques heures à cet exercice, chaque semaine, et, si tu le peux, chaque jour; les pastels du jeune baron de Veaucouleur t'ont séduite, et ton dessin va être repris avec une nouvelle ardeur... Bien ! chère enfant, j'aime ton enthousiasme ; c'est de ton âge, c'est du bel âge où nous faisons provision de souvenirs gracieux pour nos vieilles années ; mais n'oublions pas le vrai, le réel, le solide, ce qui constitue notre être, ce que nous devons savoir avant tout.

Souvent, plus les choses paraissent ordinaires, et plus elles sont grandes, plus elles sont indispensables. La couture, par exemple. Oh ! je te vois sourire avec ton petit air naïf et fin que l'on comprend, que l'on sent, mais qu'aucune parole n'exprime complétement. Je te pardonne ; ris, ma chère enfant, et puissent les larmes ne jamais perler à tes yeux ! Eh, bien ! la couture est, dans la vie d'une femme, quelle que soit sa position, une des choses les plus indispensables. L'aiguille et le fil, pour la femme, c'est le travail, c'est le plaisir, c'est l'existence. Il faut savoir coudre ; et cela n'a rien de mesquin. Comment la jeune fille embellit-elle sa poupée ? Comment la femme du monde pourra-t-elle juger de sa toilette, y faire les modifications voulues, l'enjoliver, l'approprier à sa taille, à ses formes; apprécier les fleurs de la broderie, la finesse du fil, la finesse et la rectitude des points, leur régularité, la délicatesse des détails et le fini de l'ensemble : comprendre, dans les divers vêtements, depuis la chemise et le corset, jusqu'au châle et au chapeau, tout ce qu'il y a de talent, de patience et de goût ? Que de genres de couture, que de merveilles, que de grâces, que de légèreté, que de solidité en même temps ! Et la femme des champs, comment vêtira-t-elle sa famille ?

Et l'ouvrière, comment aidera-t-elle au père de ses enfants à les entretenir, à les nourrir, à répandre à son foyer la joie, l'aisance, le bien-être, et par suite, le bonheur qui naît de tout cela ? La couture ! l'aiguille et le fil !...

La couture date de la création du monde. La première robe de la femme d'Adam était faite de feuilles de figuier cousues ensemble ; la tradition ni l'histoire ne disent pas avec quel fil, avec quelle aiguille ; mais des épines étaient aux rosiers, aux aubépines, et à bon nombre d'arbres et d'arbustes ; mais le lin, le chanvre, la laine, et beaucoup d'autres matières textiles existaient. Ève a pu choisir, et son vêtement a été *confectionné*. Plus tard, les reines, les fées, les grâces nous ont donné l'exemple de la couture.

Un prince illustre ne trouva rien de plus digne, de plus élogieux, pour éterniser la mémoire de sa compagne bien-aimée, que de faire graver, sur son tombeau, un rouet, un fuseau, une aiguille : symboles du travail. Au moyen-âge, les dames brodaient des écharpes et tissaient des rubans, à leurs couleurs, pour leurs chevaliers.

Ainsi, mon enfant, la couture est de tous les temps, de tous les âges, et de toutes les conditions.

Avant de te donner des détails sur les divers genres de couture, les moyens d'arriver à ce fini, à cette régularité, à cette perfection que les habiles obtiennent : car tu sais coudre, et tu n'as plus qu'à t'exercer ; tes doigts sont nerveux, fins et souples, et tes grands yeux bleus ne sont jamais fatigués ; avant, dis-je, de te mettre à l'œuvre, il est bon de te tracer quelques notions sur les objets dont tu dois te servir.

Parlons du fil. Sais-tu comment on l'obtient ? Que de gens l'ignorent ! que de gens s'en servent tous les jours et ne savent pas s'il provient d'une herbe ou d'un tubercule.

Le fil à coudre est : chanvre, lin, coton, laine, soie.

Commençons par le chanvre, et voyons quelles transformations il subit pour arriver à l'état de fil.

Te souviens-tu de ces grandes tiges vertes qui étaient quatre fois plus hautes que les tiges des blés, et que nous allions voir souvent pour entendre le gazouillement des milliers de petits oiseaux qui chantaient sur leurs cimes, qu'ils faisaient plier, tout en se gorgeant de leurs graines dont ils sont très-friands? c'est le chanvre en herbe.

Lorsque ses feuilles menues, découpées et longues commencent à pâlir vers la graine et sont jaunes près de la racine, c'est une preuve que son degré de maturité est arrivé. Alors on l'arrache; on l'étend en javelles sur la même place où il a germé, poussé, mûri, afin de le faire sécher. Sec, on le lie par petites bottes, et on le porte, soit à l'étang, soit au fleuve, suivant la proximité et la convenance, pour le rouir. Pendant quelques semaines il séjourne dans l'eau, qui détrempe l'écorce et la détache du bois léger qu'elle couvrait.

Sitôt que l'action de l'eau a suffisamment décollé l'écorce, le rouissage est fini; il faut se hâter d'en tirer le chanvre en l'agitant pour le laver; puis le délier et l'étaler au soleil, jusqu'à ce qu'il soit parfaitement sec. Alors on le remet en bottes, et les granges le reçoivent en attendant l'hiver. Quelquefois on ne met pas rouir le chanvre dans l'eau, mais quand, après avoir été arraché, il a atteint le degré de siccité voulu, on l'étend le long des haies pour recevoir les vapeurs du soir, la fraîcheur des nuits, les larmes brillantes du matin; et le brin qu'on obtient par ce genre de rouissage s'appelle *chanvre-rosée*. Il est plus nerveux que l'autre, mais il a moins de blancheur instantanée.

Pour séparer le brin du bois, on fait passer le chanvre entre les dents de machines construites à cet effet, qui le broient avec une voracité telle, que le bois devient poussière; mais le brin arrive seul au sortir des entrailles de la machine, fin, long, ondoyant.

Jadis on ne broyait pas le chanvre; on le teillait. Je me souviens que, jeune fille, j'allais visiter les fermiers, lorsque mon noble père m'apprenait comment la nature produit, et comment l'homme tire parti de ses biens.

Un jour donc, nous consacrâmes une veillée à voir teiller le chanvre.

Ce travail se faisait dans une salle immense, éclairée par une lampe noire accrochée à un long bâton de sureau, qui avait dû être blanc, mais qui ne l'était plus depuis longtemps. Cette lampe projetait autour d'elle une faible clarté, dont les pâles rayons arrivaient à peine aux extrémités de la salle; mais un bon feu flambait sous l'âtre, car au dehors soufflait un vent très-froid; la neige avait tout couvert de sa robe glacée, et les arbres criaient en se fendant sous l'étreinte de la gelée.

Là, étaient rassemblés tous les habitants des fermes du château, vieillards, femmes, jeunes filles, jeunes garçons, que sais-je! chacun avait à ses pieds plusieurs bottes de chanvre, et toutes les mains cassaient en jetant au milieu de la salle les bouts de bois blancs et légers qu'elles séparaient du brin, et chaque main avait un doigt où le brin venait rejoindre le brin; et cet anneau grossissait graduellement, ayant pour chaton ou diamant comme une espèce de comète agitée; et lorsque les doigts étaient chargés et que les mouvements de tous ces bras qui s'étendaient et se rapprochaient, secouant ces longues queues à fleur de tête et au-dessus, les faisaient voltiger fantastiques dans la pénombre qu'elles formaient, il me semblait voir une mêlée de chevaux avec leurs crinières flottantes, ou une multitude de jeunes vierges folâtres formant des danses en livrant au vent leurs blondes chevelures, et cela, suivant que la conversation parlait de fêtes ou de batailles.

Oh! les bonnes légendes que j'ai entendues! tu vas en juger; en voici une à propos du teillage et du broyage du chanvre : les paysans s'inspirent toujours de ce qui les occupe.

Ce fut un vieillard qui parla.

« Écoutez, mes enfants! voici le soixantième hiver que je teille dans cette grande salle, depuis que se sont passées les choses que je vais vous dire. Il y avait à cette époque plusieurs années que les hommes, au lieu de travailler les champs, se battaient : le sang coulait sur les frontières et dans les villes; les guerres, les révolutions, et tous les démons de l'enfer s'étaient déchaînés sur la terre. Il fallait des vêtements à ceux qui se battaient, et de la charpie à ceux qui étaient blessés; on enterrait les morts sans linceuls... Plus de fil pour tisser du linge; plus de vieux linge pour la charpie : et l'on se battait toujours, et les hommes ne travaillaient plus; mais les vieillards avaient semé, et le chanvre avait poussé dru et fin dans les chenevières, et, comme de coutume, les petits oiseaux du ciel avaient chanté, chanté en mangeant le chenevis qu'ils aiment tant.

« Et les jeunes filles, les petits garçons et les vieillards, tous s'étaient réunis pour arracher le chanvre. Ils en étaient venus à bout, et les javelles épaisses et larges couvraient la plaine : la rosée et la pluie l'avaient roui sur place; mais personne pour le teiller... Les femmes pleuraient leurs maris, les mères pleuraient leurs enfants, les jeunes filles pleuraient sans rien dire : et les hommes se battaient toujours, et toujours il fallait du linge et de la charpie; et, comme de coutume, les petits oiseaux du ciel chantaient, chantaient en mangeant le chenevis qu'ils aiment tant.

« Tout ce qui était resté dans le village contemplait douloureusement ces tiges qui étaient belles et bien rouies, mais le découragement était dans les cœurs; il restait peu de mains, et ces quelques mains n'avaient plus de force : et plus que jamais les hommes se battaient; et plus que jamais il fallait du linge et de la charpie; et les petits oiseaux du ciel chantaient, chantaient en mangeant le chenevis qu'ils aiment tant.

« Tout à coup, au milieu de toutes ces femmes qui pleuraient et de tous ces petits oiseaux du ciel qui chantaient, est venu s'abattre un oiseau d'une prodigieuse grandeur. Alors, les vieillards, les femmes et les jeunes filles se sont sauvés, car n'ayant jamais rien vu de semblable, ils ont eu une grande peur; et tous les oiseaux du ciel se sont envolés sur les arbres voisins, abandonnant à leur roi le chenevis qu'ils aiment tant.

« Mais les jeunes enfants, qui n'ont pas peur et qui veulent toujours apprendre et voir ce qui pique leur curiosité, sont restés là, près des javelles de chanvre qu'on ne savait comment teiller. Alors ils ont vu l'oiseau gigantesque approcher son grand bec, plat comme celui d'un canard, et saisir avec ce bec plus de plantes à la fois qu'il n'en eût fallu pour dix bottes. A chaque becquée, il prenait cette prodigieuse quantité de tiges en travers, en commençant par le côté de la graine; et sa voracité était telle, qu'il les mâchait jusqu'à la racine; son ardeur était si grande, que le bois volait en l'air comme de la paille battue; mais le brin, fin et souple, restait à côté de lui en un gros tas. Les enfants, qui sont toujours espiègles, qui rient de tout, qui se familiarisent avec tout, s'écrièrent : « Il teille le chanvre ! c'est le ciel qui l'a envoyé à notre secours ! » Les enfants s'approchèrent et lui demandèrent son nom, lorsqu'ils virent qu'il ne mangeait plus, et lui demandèrent aussi pourquoi il ne mangeait plus. « Je suis le Génie, répondit l'oiseau, la nécessité « m'a créé. J'ai pu arriver jusqu'ici, mais mes ailes sont fatiguées, et « mon bec plat n'a plus la force de mâcher. »

« Tu nous as sauvés, dirent les enfants!... » Les hommes se battaient encore; il ne restait plus ni linge ni charpie. Et les petits oiseaux du ciel chantaient, chantaient sur les arbres voisins en voyant leur roi qui ne mangeait plus le chenevis qu'ils aiment tant.

« Les enfants entourèrent l'oiseau, l'examinèrent, le caressèrent, et avec de petites limes ils formèrent des dents tout le long de son bec, puis ils lui firent avaler une énorme quantité d'eau, en le réchauffant avec les débris de bois du chanvre; et l'eau que l'oiseau avait avalée sortait par ses yeux en fumée épaisse, et ses ailes s'agitèrent, et son bec recommença à broyer, car il sentait en lui une force extraordinaire; et il dit aux enfants : « Vous avez donné au Génie une vie éternelle et vous la lui renouvelez sans cesse; vous vous appellerez le Progrès. »

« Depuis, le Génie et le Progrès remplissent l'univers; les hommes ont cessé de se battre, ils n'ont plus besoin de charpie pour les blessés, mais jamais il n'a fallu autant de linge, car la paix est née du Génie et du Progrès; le monde s'est multiplié à l'infini et ne manque de rien depuis que le Progrès est venu en aide au Génie. Et, comme autrefois, les petits oiseaux du ciel chantent, chantent en mangeant le chenevis qu'ils aiment tant. »

Le vieillard s'arrêta et toutes les voix applaudirent; les mains n'en purent faire autant, parce qu'elles étaient chargées de chanvre.

Le chanvre teillé ou broyé, il faut le tresser pour le porter au battoir, qui se trouve là près du moulin, sur le bord de l'eau. Le *battandier* (batteur), ainsi nommé dans la campagne, parce qu'il dirige le battoir, reçoit le chanvre, le dispose et retournera les tresses du chanvre arrangées par lui, sous la meule, qui va bondir dessus en tournant.

L'eau est dirigée sur les palettes, les engrenages s'enlacent, la meule tourne en bondissant, le chanvre s'échauffe, s'adoucit, perd la gomme visqueuse qui lui donnait son âcreté et sa rudesse, et sort de cette épreuve souple et onctueux pour aller aux mains du peigneur. Celui-ci le fait passer, par petites poignées d'abord, à travers des dents d'acier, écartées les unes des autres, et grosses, puis un peu petites, puis petites, puis fines, et enfin devenues presque imperceptibles à mesure que les brins s'amincissent, prennent de la finesse, et jusqu'à ce qu'ils soient arrivés à l'état parfait. Au sortir des mains du peigneur, les brins de chanvre réunis se nomment filasse et vont devenir fil.

Je ne te dirai pas comment ce travail s'opère, tu as vu tourner le rouet de ta nourrice, tu as tenu dans tes mains les quenouilles et les fuseaux de toutes les jeunes bergères du pays; mais on file aussi le chanvre à la mécanique, et j'aurai à te parler longuement des machines à filer, à tisser, à coudre même, lorsque nous en serons au fil de laine et au fil de soie.

II

L'AIGUILLE

Avant de te continuer mes renseignements sur le fil, je vais, pour ne pas lasser ton attention et donner un peu de variété à mes récits, te parler aujourd'hui de l'aiguille. L'aiguille est la compagne inséparable du fil. C'est elle qui ouvre sa route, partout où veulent le conduire et le diriger notre volonté et nos doigts.

Celle dont nous avons à nous occuper sérieusement est l'aiguille à coudre. Il y a un grand nombre d'autres aiguilles, et je dois, en passant, te citer les principales.

L'aiguille marque la mesure et la marche du temps sur les horloges et sur les montres, qui sont des objets d'utilité, en même temps que de parure.

L'aiguille dirige nos vaisseaux sur les vastes mers, et par un ingénieux travail de l'homme nous donne, dans la boussole, les degrés de latitude et de longitude d'une manière précise, tellement que, par son moyen, le navigateur marche droit à sa destination, quels u'en soient la distance et l'isolement.

L'aiguille s'élance vers le ciel, des clochers de nos cathédrales, perçant, pour ainsi dire, la route de l'immensité, et formant un passage à la prière qui doit la traverser en tendant vers Dieu.

L'aiguille, placée sur les monuments des peuples, et sur les palais des rois, va chercher, dans les nuages, la foudre qui les menace, la leur ravit, et la livre enchaînée au fil qui va la conduire dans un abîme, où elle s'éteint impuissante.

L'aiguille est un être qui a vie, et glisse à travers les eaux, poisson terrible et redouté, même des cétacés, auxquels il fait la guerre et livre parfois des combats toujours mortels.

Ceci me rappelle un spirituel chroniqueur qui disait, naguère, que l'invention de l'aiguille était un os de poisson, affilé par un sauvage.

Cette idée est ingénieuse et piquante ; mais la première aiguille a dû être, comme je te l'ai dit, une épine, ou quelque chose de semblable, sorti directement de la création, attendu que les premières femmes ont été obligées de se servir, de suite, de tout ce qui leur tombait sous la main ; et que le progrès s'est opéré depuis lors, mais, naturellement, imperceptible les premiers jours.

Il me semble voir les épouses d'Abel et de Caïn, montrant à leurs jeunes filles la couture, et comment il fallait préparer leurs toilettes. Elles folâtrent nonchalamment parmi les fleurs, la verdure ; s'étendent sur le gazon ; cueillent et mangent des fruits : puis butinent, sur les arbres, une collection des plus belles feuilles qu'elles peuvent en détacher, et des plus soyeuses ; les assemblent pour s'en couvrir, et déjà aussi pour s'en parer ; car je crois que la coquetterie et le goût de la parure ont été lancés dans le monde, par le premier regard de la première femme.

Voilà donc toutes ces ignorantes, mais gracieuses coquettes, s'ingéniant à se vêtir.

La feuille du figuier a servi à la grand'mère ; elle est lisse, brillante, large et d'un beau vert. Malgré toutes ces qualités, on la néglige. Que va-t-il surgir ? Tout à coup, une des plus belles et des plus jeunes filles d'Abel, arrive légère, jusque sur la lisière de l'Éden, à l'endroit le plus frais, le plus fleuri, le plus gracieux du *squarre*, où étaient rassemblées presque toutes ses compagnes. Elle paraît! surprise générale : elle est éblouissante! son vêtement, espèce de jupe qui la ceint à la taille et retombe gracieux jusque près des genoux, est un assemblage de feuilles de Magnolia, luisantes, et d'un vert à reflet d'or : ces feuilles sont cousues les unes aux autres avec des fils de liserons, qui étalent, sur elles, leurs petits entonnoirs bleus, roses, blancs, panachés et de toutes nuances. Applaudissement général, mitigé par une légère nuance de convoitise. En ce moment naquit la Mode : la Mode, cette déesse volage et bizarre qui nous stupéfie par ses volontés étranges, et nous y soumet avec tant de facilité. L'élan était donné : quelques jours après, toutes les jeunes filles se trouvaient vêtues de jaquettes liseronnées. Ces vêtements étaient frais et frêles. La mode n'attendit ni qu'ils fussent flétris, ni qu'ils fussent usés. Avec des branches de lianes, les femmes tressèrent des étoffes jaspées de leurs petites fleurs blanches. Ce fut la naissance du tissage. Alors les clématites, les liserons, les lierres, les scolopendres, et toutes les plantes grimpantes furent recherchées : on se servit même des graminées élevées ; on leur ajouta les roseaux et les joncs.

Le luxe prend, dans le genre humain naissant, une variété en proportion de ses goûts, de ses besoins et de ses lumières ; et à mesure que ces goûts, que ces besoins, que ces lumières grandissent, le luxe se développe. On marie les fleurs avec les herbes, avec les écorces. On passe des brins fins et souples au travers d'une grande quantité de pétales de roses; on en forme des guirlandes qui, jointes ensemble par d'autres brins également fins et souples, produisent un tissu gracieux et léger, délicieux pour les beaux jours. Les premières femmes dûrent se servir de ces vêtements, pendant un certain temps, car ils étaient variés ; et l'imagination, encore pure et fraîche, ne pouvait rien voir de plus attrayant.

Plus tard, les couleurs et la légèreté des plumes des oiseaux tentèrent la femme, qui voulait du changement ; et les plumes de toutes les couleurs vinrent parer sa tête, en se mêlant à sa chevelure, et ceindre sa taille, plantées çà et là, dans une tresse de fleurs.

La froidure a fait chercher ce qui pourrait garantir de sa pression cruelle et engourdissante ; et la laine a paru remplir toutes les conditions. De là, l'immense point de départ.... J'aurais des volumes à remplir si je voulais suivre le progrès qui s'est graduellement et lentement opéré dans les vêtements, dans les modes, suivant les productions et les lieux, depuis la naissance de la couture jusqu'à nos jours.

Les hommes se sont prodigieusement multipliés ; ils ont envahi la terre et se la sont partagée ; ils ont fouillé ses entrailles pour en extraire les métaux et les minéraux, les sels et tout ce qu'elle renferme ; ils ont pêché les richesses de la mer ; ils se sont emparés de toutes les végétations ; ils ont asservi tous les animaux, tant pour leurs besoins que pour leurs plaisirs. L'homme s'est tout appliqué. De là, sa chaussure avec la peau du bœuf ; son manteau avec la toison de la brebis, quelquefois même avec la peau du tigre et du lion ; sa coiffure avec la soie, quand c'est un turban, avec le bronze, le cuivre, le fer, souvent l'argent, quand c'est un casque... Et chaque localité de la terre a ses modes, ses usages ; et partout la femme s'occupe de couture ; et partout le fil et l'aiguille sont indispensables.

Je me suis laissé entraîner à cette petite digression, ma chère enfant, parce qu'elle m'a paru naturelle, et capable de faire plaisir à ta jeune imagination.

Revenant maintenant à l'aiguille qui sert à la femme pour la couture et la broderie, l'aiguille que tes doigts dirigeront dans sa marche, je vais te tracer son histoire dont les diverses phases et les nombreux détails ne manqueront pas de t'intéresser.

La plus modeste, la plus utile, la plus diligente des aiguilles, c'est l'aiguille à coudre.

Qui dirait, à la voir si fine, si légère, qu'elle soit si persévérante, si forte, si solide ? C'est qu'elle est bizarre, et pourtant bonne et intelligente.

L'aiguille que l'esprit aiguise est composée de sel attique. Celle que tu tiens renfermée dans ton petit étui de bois de Sainte-Luce a été extraite du sein de la terre.

L'aiguille date d'une époque très-incertaine. On a attribué les premières aiguilles aux Grecs, aux Romains; puis les Français ont revendiqué leur part de gloire dans un pareil don fait à l'humanité. Les aiguilles anglaises ont bien leur mérite : elles sont préférables, de nos jours, à celles qu'avaient les Grecs et les Romains.

Les Anglais savent bien tremper le fer.

Les Français sont, pour cela, au même niveau, s'ils ne le dépassent pas, et les deux peuples ont des fabriques d'excellentes aiguilles.

Pour être bonne, il faut qu'une aiguille soit lisse et bien trempée.

Cette recommandation s'applique à toutes les aiguilles. Que ce soit une aiguille grosse, longue, à grand chas, pour passer la laine; une aiguille minime, longue et fine, à chas petit, pour couler le point dans la mousseline et la gaze; l'aiguille moyenne, un peu courte et solide, pour piquer les vêtements de drap; l'aiguille un peu plus longue et beaucoup plus fine pour broder; enfin, n'importe l'aiguille, il faut, dis-je, qu'elle soit bien trempée. Avec tes doigts, tu jugeras de son poli, et avec tes yeux, tu jugeras de sa trempe.

Pour qu'elle soit bien, ton aiguille doit avoir un reflet bleu assez prononcé. Ceci est facile à connaître lorsqu'on est averti.

Les premières aiguilles, faites de fer ou de cuivre, étaient déjà quelque chose de magnifique, et devaient être coûteuses et difficiles à se procurer, car, pour les percer et les affiler, c'était tout un problème, problème qui ne se résolvait pas toujours à satisfaction. Le hasard, non, la Providence vint apporter aux hommes ce qu'ils cherchaient vainement pour leurs compagnes, et dont ils n'avaient que de misérables ébauches.

Il est dans un coin de la terre un petit pays semé de ruisseaux, de plaines et de montagnes. Il se trouvait là des habitants religieux, mais pauvres; simples, mais laborieux. Dans un coin de ce petit pays était un site pittoresque, gracieux, ombragé de grands arbres et rafraîchi par les eaux d'un lac, résultat d'avalanches des montagnes voisines, et qui avait la pureté de sa position. Il se trouvait placé, sur une petite éminence, une gracieuse chapelle et quelques masures propres autour. Cette localité dépendait du royaume de

Savoie, devenu France aujourd'hui, quoiqu'il ait, dans un temps reculé, donné des reines admirables à presque tous les trônes de l'Europe. La Savoie aimait tellement la France, sa riche et puissante sœur, qu'elle lui envoyait, tous les hivers, ses jeunes garçons et ses jeunes filles pour la récréer, soit en lui montrant des animaux et les fleurs de ses vallées, soit en dansant des rondes pittoresques aux refrains composés sous les grands pins de ses montagnes, et qui étaient aussi frais qu'eux, aussi mélancoliques que leurs concerts.

Maintenant, la sœur riche et puissante et la sœur paisible ne font plus qu'une reine bienfaisante et illustre, ensemble parfait d'union et d'amour.

Le petit village où était construite cette chapelle, espèce de tombeau dentelé et brodé par l'architecture gothique, avait rassemblé ses enfants, parce que l'hiver était venu, et se préparait à les envoyer soit à Lyon, soit à Paris, soit dans les autres villes de France; pour, les petits garçons, se chauffer aux cheminées qu'ils auraient ramonées; les jeunes filles, aller soigner, en leur montrant leurs dents blanches et leur naïf sourire, les petits enfants de leurs seigneurs.

Les parents encourageaient les enfants; les enfants pleuraient, ne voulaient pas partir : et cependant bon nombre ne s'en retournait pas vers les parents, bon nombre oubliait le hameau et la chapelle; les garçons devenaient porteurs d'eau, après avoir été ramoneurs; les jeunes filles servaient, comme nous l'avons dit, et quelquefois devenaient grandes dames, suivant qu'elles étaient paresseuses, et qu'il leur était venu de la malice, et poussé de longs cheveux.

Parmi cette troupe qui disait adieu à ses enfants, se trouvait une vieille femme, qui aussi avait été jeune, qui aussi avait quitté le pays, et la chapelle, et sa bonne mère, pour aller dans les grandes villes; et celle-là avait été grande dame, parce qu'elle était paresseuse dans sa jeunesse, qu'il lui était venu de la malice et poussé de longs cheveux. Mais la jeunesse, la malice et les longs cheveux, tout cela s'en était allé, et elle était tombée dans une détresse si grande, qu'elle était revenue au hameau où était la chapelle; et elle avait tant pleuré et tant prié la sainte Vierge, que l'amour du travail lui était enfin venu : et l'amour du travail valait mieux que la jeunesse, la malice et les longs cheveux.

« Pourquoi chasser ces enfants ? disait la vieille femme ; manque-t-il du travail autour de nous ? N'avons-nous pas à discrétion, lorsque nous avons travaillé, la pomme farineuse de nos champs, et du blé noir parfumé pour faire des crêpes le dimanche ? La source de la roche tarit-elle, même dans les plus grandes chaleurs ? Et c'est la cascade qui nous l'apporte fraîche et brillante, et c'est le bon Dieu qui nous l'envoie. Travaillez ici, et lorsque vous aurez produit, ceux chez qui vous allez mendier vous apporteront leurs richesses ; vos enfants resteront avec vous et notre hameau prospérera. » Ainsi clamait la vieille femme. Mais le mauvais génie est toujours à côté du bon, et sa puissance est grande. Voilà qu'un homme, qui avait été ramoneur, commissionnaire et porteur d'eau, se mit à crier : « Qu'ils partent ! nous n'avons que juste nos provisions d'hiver, et le bois que nous avons en plus, nous le vendrons pour avoir des vêtements. Il n'y a rien à faire ici pendant la mauvaise saison ; il faut que les enfants partent, puisque nous sommes partis autrefois. » La vieille femme reprit : « Vous ne pouvez rien faire ? Et créer ? et perfectionner des outils pour vos travaux, pour l'industrie ? Ce n'est donc rien, cela ? Vos femmes et vos filles ne savent que filer ; faites-leur des aiguilles, elles coudront, et vous aurez des vêtements gracieux et chauds. Notre sol produit du fer, faites-en de l'acier ; j'en ai fait l'expérience et je vous la montrerai. Les aiguilles sont mal faites partout, et même peu de localités peuvent s'en procurer ; nous n'en pouvons avoir ici, mauvaises qu'elles sont. Je m'en suis fait pour moi, et vous n'avez seulement jamais pensé à me demander comment je cousais vos habits, moi qui vous les fais ; comment je les rajustais quand vous les déchirez à travers les rochers et les bois : eh bien, voyez !... faites cela, et je vous garantis l'avenir. » Alors, elle montre une aiguille fine, pointue, lisse, brillante, percée d'un trou imperceptible et parée d'un beau reflet bleu.

La vieille femme leur raconta le hasard qui lui avait fait découvrir le fer. Elle faisait du feu pour se chauffer dans une crevasse de la montagne, à un endroit où la terre se trouvait noire, lourde et scintillante, et non loin de la source qui fournissait l'eau au hameau ; car cette onde coulait en un petit ruisseau devant le lieu où la vieille femme faisait son feu. Le bois abondait, la vieille femme en profitait ; un grand feu flambait, flambait tellement, que le sol était comme en fusion. La terre noire était devenue rouge et liquide : ce que voyant, elle avait écarté le bois, éteint le feu ; la matière rouge se durcit au contact du froid. A tout hasard elle prit, au moyen d'un bâton fourchu, le bloc brûlant et malléable et le jeta dans le ruisseau ; l'eau a écumé, mordue par le fer rouge, et le fer rouge a crié, en jetant un millier d'étincelles. C'était deux éléments en lutte : le feu, attaché à la proie qu'il dévorait ; l'eau, qui voulait la lui ravir ; combat étrange, où la douceur et le calme ont vaincu la violence... Le bloc brunit, se refroidit, et lorsqu'il fut devenu froid comme l'eau qui lui avait donné sa propre température, la vieille femme l'ayant retiré, il était dur comme du diamant...

« Tu connais, mon enfant, la fabrication des aiguilles, tu l'as vue ; aujourd'hui, on a atteint la perfection, et cela parce que les jeunes garçons ne partirent pas pour être ramoneurs, commissionnaires et porteurs d'eau ; les jeunes filles pour servir ou devenir grandes dames, suivant qu'elles seraient paresseuses, et que leur seraient poussés la malice et les longs cheveux. »

PL. 2. — MODÈLE POUR PRENDRE LA MESURE PAR DEVANT.

PL. 3. — MODÈLE POUR PRENDRE LA MESURE (DOS).

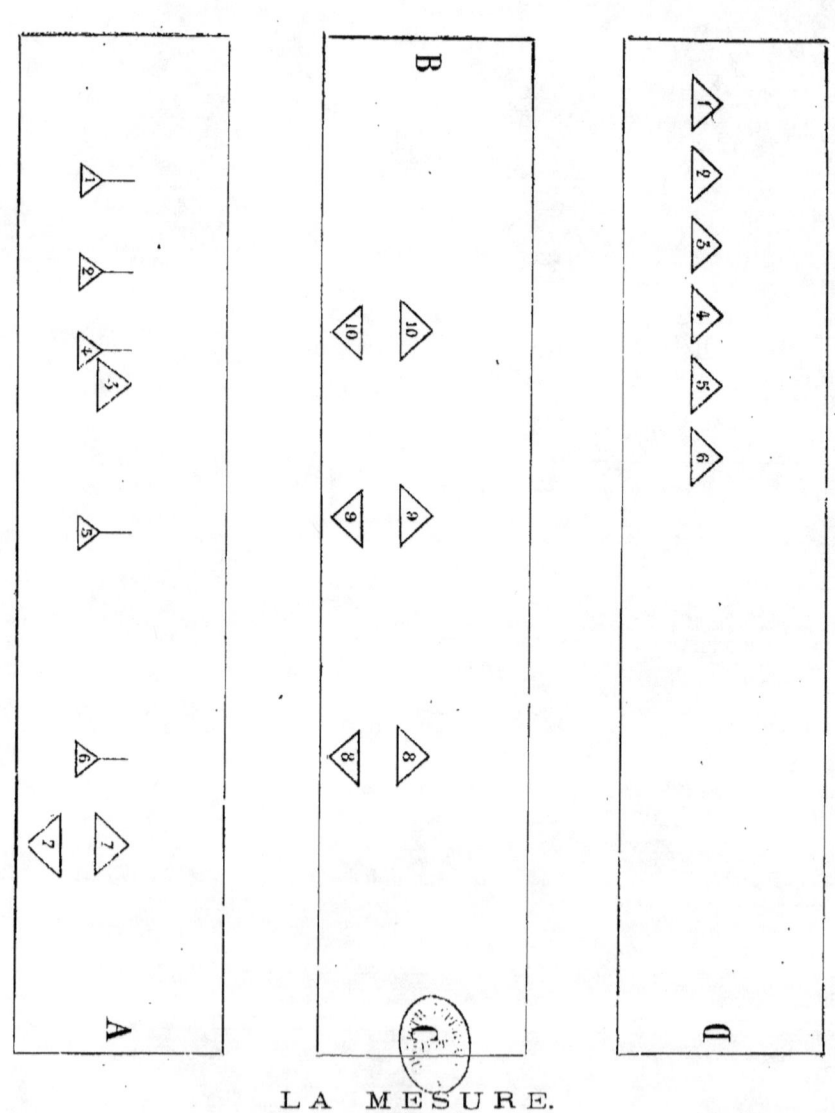

LA MESURE.

III

LE LIN, LE COTON, LA LAINE

Mon enfant,

J'ai quitté les matières textiles pour te parler des aiguilles. Revenons-y aujourd'hui. Le lin, dont le brin dépasse la finesse du chanvre, mais qui n'en a pas la force, reçoit à peu près les mêmes préparations, lui ressemble en tout, soit pour la culture, soit pour le produit, et il arrive à l'état de fil de la même manière, pour devenir toile, broderie, suivant la destination que l'industrie lui donne. Le chanvre et le lin sont donc frères, et se donnent souvent la main, soit qu'ils croissent dans les mêmes parages, soit qu'arrivés à l'état de fil, ils soient enlacés ensemble, mêlant ainsi leurs qualités pour les augmenter en faveur de l'homme, de l'homme! enfant gâté de Dieu, qui le regarde, pour ainsi dire, se rouler dans toutes les merveilles de la création, les appliquant toutes à ses jouissances, quelquefois les jeter ou les détruire, comme un enfant fait d'un jouet ou d'un gâteau.

C'est la guerre d'Amérique qui m'a suggéré cette dernière pensée. Il arrive de temps en temps d'étranges bouleversements. Les hommes, pris de vertige, ivres d'une opinion bonne ou mauvaise, d'une idée rationnelle ou fausse, juste pour les uns, injuste pour les autres, suivant leurs habitudes ou leurs mœurs, se ruent par millions les uns contre les autres, sans se connaître et sans se haïr, font hurler l'airain par le feu, et de mille volcans embrasés se vomissent à la face le bronze, le fer, le plomb, gros comme des rochers, multiples et serrés comme les grêlons d'un nuage sombre qui se fond, fulgurants comme les éclairs, résonnant comme les tonnerres, frappant comme la foudre. Puis des javelles de morts, sous des javelles de blessés; des cris de douleur, de désespoir, de rage, de victoire, de gloire, de triomphe : et mêlés à cela le combat corps à corps, le bruit du fer aiguisé, écartant le fer pour chercher l'homme, et tout cela criant, hurlant, frappant et tombant dans un effroyable pêle-mêle. Et les milliers de chevaux passant comme des rafales, avec leurs cavaliers sabrant ce qui est debout et foulant ce qui est couché : puis, le silence, l'effroi, la mort partout... Le carnage a passé. Voilà la bataille! voilà la guerre! horrible fléau!!!

Regarde ces plaines immenses, cette végétation luxuriante et verte, uniforme et paisible, se chauffant, croissant sous le regard d'un soleil bienfaisant. Ces vastes plaines sont plantées d'un arbuste modeste qui remplit le monde de ses trésors. Ces plaines immenses sont le nouveau monde; cet arbuste, c'est le cotonnier. Le ciel est bleu, la plaine est verte. Deux mers en face l'une de l'autre; l'une d'azur qui repose son regard sur la mer verdoyante, et la verdoyante qui s'épanouit sous l'influence fécondante de la mer d'azur.

De verts, les cotonniers jaunissent, puis étalent en flocons légers et vaporeux leurs nuages de laine, blancs comme l'écume qui fleurit sur la crête de la vague; et ces millions d'arbustes serrés et de la même hauteur forment, à perte de vue, une vapeur blanche que le soleil a fait surgir de la terre, mais qui y reste attachée.

Quelle est cette multitude d'hommes, de femmes, d'enfants?... Ce sont les gens des planteurs, leurs domestiques, leurs esclaves.

Ils vont faire la récolte du coton. Les uns emplissent des sacs, les autres des corbeilles; tous les ustensiles sont bons. On fait des tas immenses. On transporte, à dos et sur des voitures, le coton cueilli, jusqu'aux habitations des planteurs. Là, au moyen de formes et de presses, on compose des faix, du poids de cent à deux cents kilogrammes, que l'on nomme balles. Le coton est là, très-serré en carré et enveloppé d'une toile grossière. C'est sous cette forme qu'il est expédié dans tout le monde, jusque dans les localités les plus reculées et les plus modestes.

Le coton est le vêtement de l'univers, tant il est abondant et commode, tant il se prête à toutes les volontés, à toutes les fantaisies, à tous les besoins. Quatre ans de guerre en Amérique ont détruit des millions de balles de coton, tant par le feu que par l'eau; des milliards de cotonniers, en les écrasant sous les roues des caissons, des canons, des chars de toute espèce; sous les pieds des fourmilières de combattants qui couraient constamment d'un lieu à un autre, et dont les chocs anéantissaient jusqu'au sol, qu'ils creusaient pour faire des épaulements, des remparts et des embuscades; qu'ils labouraient avec les boulets dont ils le pavaient, mais qui ne l'engraissaient pas. Et personne ne travaillait les champs. Les planteurs étaient chefs; les esclaves soldats. Et le monde manquait de vêtements. Les villes manufacturières mouraient de faim, n'ayant plus de coton à carder, à tisser, à envoyer à ceux qui avaient de l'argent et qui étaient nus. Mais la paix a reparu dans le nouveau monde. L'espérance a ranimé ses enfants, et l'arbuste bienfaisant va nous donner ses trésors comme autrefois, car tout est revenu au même point; rien n'est changé, ni opinion, ni idée, ni mœurs, ni coutumes!.. Seulement, les hommes avaient le vertige, et ils se sont battus; et ceux qui étaient dans les autres continents, et qui n'étaient pas ivres, ni fous furieux, ont été victimes des destructions qu'avaient faites les batailles. Aujourd'hui, mille vaisseaux sont frétés et chargés de coton, et se dirigent sur toutes les extrémités du globe. Le mal sera bientôt réparé, car la nature est riche. Vois, mon enfant, l'ouvrier a une blouse neuve; c'est du coton. La comtesse et la marquise ont des jupes éclatantes de blancheur, d'une ampleur de l'envergure d'un vautour, chargées de broderies; c'est de la percale. La percale, c'est la fleur du coton, ou plutôt c'est le fil le plus fin qu'on en a obtenu. Merci à toi, riche arbrisseau, qui enrichis le monde, le couvres et le nourris. O nature, que tes productions sont belles! O créateur! que tes ouvrages, que tes desseins sont grands! Tes largesses sont incompréhensibles comme ton essence, infinies comme ton être.

Montons avec Nadar, dans la nacelle d'un *Géant* quelconque, jusqu'à une hauteur suffisante pour distinguer ce qui se meut sous nos pieds; et avec notre imagination, jetons l'ancre dans l'espace pour demeurer immobiles, tandis que la terre opèrera, sous nos pieds et sous nos yeux, sa révolution ordinaire, ou plutôt sa rotation. Nous sommes arrivés; l'ancre est jetée... Vois-tu, mon enfant, ces montagnes qui s'approchent, elles appartiennent à la noble et fantastique Espagne; c'est l'Andalousie, une de ses riches provinces qui produit les coursiers pour les batailles, et surtout la laine pour les étoffes. Entends-tu les mandolines des bergers, et le bruit des castagnettes des bergères qui dansent sur la pelouse de leurs montagnes, en surveillant les troupeaux de mérinos errants sur leurs cimes, et paissant leurs herbes? C'est une riche toison qui croît sur le dos de ces brebis, de ces béliers; c'est le manteau de l'alcade, la robe du moine, la soutane de l'évêque, la mantille de la prima dona, et la couverture du lazarone. Tourne tes yeux, mon enfant; vois ces autres montagnes qui ne sont pas chauffées par les rayons du soleil, autant que celles de l'Espagne. Ce sont celles de la Saxe. Là aussi, nous apercevons des troupeaux; là aussi, la France vient acheter des toisons pour ses filatures, pour ses draps! Et celles-ci, que tu vois dans la brume? Ce sont les montagnes de la verte Erin, de l'hospitalière Ecosse, où a régné la belle Marie Stuart, qui paya, de sa tête, sa royauté et son amour. Entends-tu les bardes de ces montagnes vertes, qui chantent les exploits des guerriers morts? Les esprits voltigent sur les nuages, et les pâtres les aperçoivent de leurs cabanes, et entonnent des lais plaintifs ou belliqueux, suivant la pensée qui les anime, tandis que broute le troupeau, et que la laine croît pour le plaid du pâtre, comme pour le plaid du guerrier. Voilà l'Afrique qui passe avec ses tentes, ses chameaux, ses troupeaux nombreux ; vois-la, portant ses laines de Constantine et de Tunis. Ces laines, on les file peu, elles servent pour nos couches ; elles sont fines et fortes, et résistent à la pression par leur élasticité. Les Arabes cependant la filent à leur manière, et, avec le poil du chameau, en tissent quelquefois leurs burnous.

Voici la Syrie qui s'efface sur notre gauche ; on l'aperçoit encore : Beyrouth fume sous le canon de la flotte anglaise : cinquante mille balles de laine ont été la proie des flammes. La Syrie produit aussi quantité de laine, dont l'emploi est à peu près celui de la laine d'Afrique. Elle est plus souple, plus longue, plus fine, mais moins frisée, moins élastique et moins nerveuse.

Maintenant, c'est l'Océan qui passe sous nos pieds ; l'Océan avec tous ses vaisseaux, qui flottent dans toutes les directions. C'est le chanvre écru, qui va faire les cordages de la marine américaine. C'est le lin, qui est sorti de l'Italie et de la Flandre, et qui s'entrecroise. Ce sont toutes les marchandises qui s'échangent ; les marines qui se surveillent ; les convois que la vapeur traîne. Que c'est beau, la mer ! que c'est beau, la navigation !! J'aurai à t'en parler, mais ce n'est pas le moment. Les dernières vagues disparaissent : Voici venir un continent. Quelles sont ces contrées ? ce sont les Indes. Cherchons ce qui nous intéresse. Vois-tu ces villes neuves et superbes ? Il semble qu'elles viennent de pousser dans cette belle vallée. Tout y est propre, tout y est gracieux, tout y est beau. C'est la vallée de Cachemire. Elle a donné son nom à cette belle cité, qui, à son tour, a donné le sien aux châles dont nous sommes fières de nous couvrir, et avec lesquels nous aimons à nous draper. Là, il y a des manufactures, des filatures ; il y a tout.

Regarde ces montagnes qui la couronnent : on les dirait couvertes de moissons animées : il semble que le vent court sur les épis, et les fait onduler. Regarde bien, mon enfant, elles s'approchent ; elles vont passer sous nos yeux. Ce sont les montagnes du Thibet. Ces moissons qui paraissent onduler sous la pression de l'air, ce sont d'innombrables troupeaux de moutons, dont la laine est fine comme les cheveux, forte comme des fils de laiton, blanche comme le lait des Alpes, souple comme le fil de l'araignée. C'est avec cette laine que les Indiens font les merveilles que nous voyons ici ; ces châles magiques, dont la quadrature ferait une tente pour trente Arabes, et dont la souplesse et la finesse sont si grandes qu'ils passent facilement dans un anneau d'un doigt de femme. Tu as vu tisser les châles, soit à Paris, soit à Lyon. C'est merveilleux. Ici, ce n'est pas le même genre de fabrication. Les Indiens mettent beaucoup plus de temps. Pour faire un châle : quand la laine est filée et teinte ; le châle est dessiné en six ou huit parties ; chaque ouvrier se charge d'une. L'un fait un bout, l'autre un carré ; celui-ci, la rosace. Et lorsque chaque ouvrier a fait sa tâche : tâche qui dure des années ; tous ces morceaux sont ajustés et cousus ensemble, et donnent ce tout admirable dont je viens de te parler. C'est le *nec plus ultra* de la parure, en fait de laine.

Maintenant, ouvrons le parachute, et laissons-nous glisser dans notre appartement. Demain je te parlerai de la soie.

IV

LA SOIE

La soie! ce mot frappe mon imagination de tant de merveilles, que je ne sais par lesquelles je dois commencer.

Dans la création, se trouve un arbre aux feuilles luisantes et dorées : aux fruits blancs, noirs, rouges ; qui devient grand comme le chêne. [Les oiseaux mangent son fruit ; la fourmi même et les insectes font comme les oiseaux ; et les enfants, qui aiment la douceur dans les fruits, imitent les oiseaux et les insectes : seulement, il arrive que ces derniers après avoir mangé, à poignées, la mûre noire, ressemblent, avec leurs figures barbouillées, à de petits négrillons qui jouent dans la savane ; à de petits ramoneurs qui crient dans nos rues : *haut en bas !* et dont on n'aperçoit de blanc, que les deux rangées de perles de leur bouche, et la bordure de leur prunelle.

Pendant bien longtemps, les fruits seuls étaient mangés ; les feuilles restaient toujours intactes et vertes, jusqu'au moment où l'hiver les faisait jaunir et tomber. Jamais insecte n'avait touché cette feuille ; jamais oiseau ne lui avait donné un coup de bec :

l'homme n'en avait que faire, les animaux n'osaient y toucher. Pendant bien longtemps, l'homme pensa que cette feuille était inutile ou tout au plus nécessaire à parer le mûrier, et à récréer ses yeux. Le bon Dieu, qui partout avait uni l'utilité à la beauté, lui avait réservé, pour ainsi dire, une surprise, et dans sa munificence il lâcha, dans les airs, un papillon d'une rare espèce qui, jusqu'alors, était demeuré dans le ciel, occupé à faire des ailes pour les séraphins. Ce papillon, après avoir voltigé quelque temps, cherchant où il devait se poser, aperçut le mûrier, et n'hésita pas. Le voilà sur une branche, sur une feuille qu'il semble palper avec sa trompe, et caresser, de ses ailes, avec amour. Là finit son existence éphémère, après avoir déposé sa semence sur la branche du mûrier. Cette semence passa l'hiver inaperçue, et lorsque le printemps vint sur la terre pour vivifier tout germe, faire éclore toute semence, son souffle féconda la graine du papillon. Alors, des milliers de petits vers naquirent sur le mûrier avec la première pousse de ses feuilles ; et les petits vers mangeaient les feuilles naissantes et grossirent. Et à mesure que les feuilles du mûrier poussaient, les vers mangeaient. Enfin, se trouvant bien repus, ils s'endormirent. Les feuilles du mûrier, poussèrent pendant leur sommeil. Les vers, s'étant réveillés, recommencèrent à manger avec une nouvelle ardeur. Les feuilles étaient larges, fermes, savoureuses ; tellement que les vers, qui étaient si nombreux, et qui les croquaient à belles dents, dévoraient avec une si grande avidité, que le bruit qui résultait de leur vorace gourmandise, ressemblait à celui que fait la pluie quand elle tombe, fine et serrée, sur le feuillage.

Ceux qui passaient sous ce mûrier entendant ce bruit de pluie et n'en ressentant pas les gouttes, levèrent la tête, et ils virent le mûrier chargé de vers, et presque dépourvu de feuilles. Ils furent d'autant plus étonnés que jamais ils n'avaient vu toucher à cette feuille, et pensant qu'il y avait là quelque chose d'inusité, ils laissèrent les vers à leur repas. Ils remarquèrent que les vers étaient transparents comme de petits vases de cristal remplis d'une liqueur dorée, et s'en allèrent. Quelque temps après ils revinrent, et trouvèrent le mûrier garni de papillons qui voltigeaient dans ses branches et autour de lui, puis se posaient dessus : nouvel étonnement. Ils repartirent, mais à la troisième fois qu'ils vinrent, n'apercevant plus ni vers, ni papillons, et n'entendant aucun bruit de pluie tombant sur le feuillage, ils ouvrirent de grands yeux et virent les branches du mûrier couvertes, comme de petits glands jaunes, blancs, blonds, légers, doux au toucher et entourés de fils si fins, si fins, que leurs yeux ne les auraient pu distinguer s'ils n'avaient été multipliés à l'infini, et croisés les uns sur les autres mille et mille fois. Les femmes pensèrent aussitôt que cela pourrait se filer comme le lin et le chanvre; et que c'était tout roui, tout teillé, tout battu ; qu'il n'y avait qu'à prendre. Les femmes emportèrent les petits glands avec les fils qui se trouvaient autour. Après avoir bien examiné, elles comprirent que les fils se joignant toujours de plus en plus formaient cette petite enveloppe qui ressemblait à un gland creux et percé. Elles humectèrent ces petits glands avec de l'eau tiède, pour les rendre malléables et en débrouiller le fil. Les femmes en tirèrent considérablement et si fin, si fin, qu'elles joignirent plusieurs brins ensemble, et obtinrent pour la couture du fil, très-fin encore, très-glissant et surtout très-fort. Elles étaient enchantées, une seule chose les contrariait : le fil était rompu à la petite porte par où avait passé le papillon, pour sortir de sa prison, et c'était bien dommage... alors chacun chercha le moyen pour obtenir le fil dans toute sa longueur. On avait un an pour réfléchir. La semence fut laissée sur le mûrier et l'on n'y pensa plus. Mais quand le printemps revint, quand la pluie se fit entendre sur le mûrier ; les femmes se consultèrent, et après une longue délibération où tous les avis furent recueillis, elles s'arrêtèrent à celui-ci : Aussitôt que les vers paraîtraient avoir terminé leurs maisons, on se hâterait de les arracher de l'arbre ; on débrouillerait le fil, ce qui se ferait facilement, et les papillons seraient délivrés sans gâter leur prison en se sauvant. Tout cela fut exécuté ; mais la moitié des papillons était à peine délivrée, que l'autre moitié avait fait sa percée, et prenait son vol, au grand déplaisir des femmes. Depuis, un moyen bien cruel fut inventé par ce sexe dont hélas ! nous faisons partie, ma chère enfant, mais la nécessité l'a dicté. Lorsque les petites maisons où les vers se cachaient pour devenir papillons, et qui furent appelées cocons, étaient détachées des branches du mûrier, on allumait du feu dans les fours où l'on cuit le pain, et l'on y glissait en monceaux les cocons avec leurs habitants : ceux-ci étaient étouffés, et l'on ne craignait plus la rupture du fil. Pour ne pas éteindre la race, les femmes conservaient quelques cocons des plus blancs et des plus beaux et laissaient les vers sortir en papillons pour aller déposer leur semence, et préparer, assurer ainsi la récolte du printemps à venir. C'est surtout avec les cocons percés qu'on fait le fil à coudre, comme aussi avec les cocons doubles, ceux qui ont été filés par deux vers. Je viens de te tracer l'invention de la soie.

Les choses sont bien changées aujourd'hui. La soie est devenue d'une importance si grande que l'homme a tout employé pour arriver à sa perfection, et je crois qu'on peut dire qu'il l'a atteinte.

Maintenant, le ver se cultive : l'homme a bâti de grandes maisons où il fait naître, vivre, mourir le ver. Il lui donne sa nourriture en la lui proportionnant; il lui mesure jusqu'à la chaleur. Ces grandes maisons sont nommées des magnanières. Au sortir de ces magnanières, les cocons sont livrés aux filatures, puis deviennent *soies grèges*, soies ouvrées, soies teintes, soies étoffes, soies vêtements. Je ne te donne pas la description de tous les petits détails des préparations par où elle passe, il faudrait un volume pour les expliquer et cela deviendrait ennuyeux pour toi qui le lirais, comme pour moi qui l'aurais écrit. Les principales sont la teinture et le tissage.

Lyon, la seconde ville de France par sa population, la première par sa fabrique de soie, compte en moyenne cinquante mille ouvriers pour le travail de la soie. Le Rhône délaye les couleurs pour la teindre, le dessinateur les organise et l'ouvrier fait l'étoffe.

Dans cette ville populeuse, arrosée par un grand fleuve et par une rivière aussi puissante que lui, s'est trouvé un pauvre ouvrier, un simple enfant du peuple, ce qu'on nomme à Lyon un *canu* (nom qui vient d'un petit carton rond autour duquel est enroulée la soie et qu'on nomme canette, laquelle est introduite dans la navette qui la fait glisser, *trame*, entre les fils tendus qu'on nomme *chaîne* pour les lier et produire l'étoffe, qui alors prend nom de *pièce*, ce *canu*, dis-je, par une combinaison de trous faits à des feuilles de carton, a trouvé le moyen de faire naître sur l'étoffe en la formant, à mesure que la trame passe, des feuilles de toutes formes et de toutes nuances, des fleurs de toutes nuances et de toutes beautés, des fruits comme ceux que la nature nous donne quand ils viennent à point, toutes les couleurs avec leurs lumières et leurs ombres, tous les reflets, depuis le soleil jusqu'à la nuit; puis des dessins de toutes sortes, des monuments, des points de vue, des forêts avec leurs habitants, des montagnes et des vallées, des archipels avec les promontoires, des océans avec leurs navires, des enfants avec toutes leurs grâces, des femmes avec toutes leurs beautés.

Et cet homme a failli être victime de son génie; ses compagnons voulurent le précipiter dans le fleuve qui lave et teint leur soie : heureusement que le génie de l'empereur Napoléon Ier, malgré tous ses travaux et toutes ses victoires, découvrait partout le mérite. Jacquard fut sauvé, conduit à Paris, félicité par l'Empereur, pensionné et décoré. Il mourut à Oullins, joli village sur les bords du Rhône et de la Saône, où il passa une grande partie de sa vie dans une humble médiocrité, et pratiquant, malgré son état modeste de fortune, une bienfaisance aussi grande que son génie. L'homme meurt, le génie est immortel. Les fils de ceux qui voulaient précipiter Jacquard dans le Rhône, lui ont élevé des statues sur ses bords.

Lyon, unique pour la fabrique et le travail de la soie, fournit le monde de ses inimitables étoffes.

Saint-Etienne, riche ville de France par sa manufacture d'armes, possède, en fait de soierie, la suprématie pour les rubans. Je ne saurais t'en tracer l'image ni t'en donner l'idée; nulle comparaison n'est possible. Ils sont aussi grands que l'arc-en-ciel, et plus beaux.

Lyon et Saint-Etienne, deux villes qui se joignent par la première voie ferrée qui a posé ses rails sur le sol français, tirent leurs soies des Cévennes, de la Savoie, du Piémont; je dirai maintenant de l'Italie; et pour les étoffes supérieures, du Levant, c'est-à-dire de la Syrie, de la Turquie, de la Perse, de toute l'Asie mineure.

Lyon nous fournit les soies à coudre, et ses produits en ce genre n'ont point de rivaux. Que te dirai-je? La soie devient velours, se déploie sur les épaules des pontifes, des empereurs, et pare les autels de la Divinité.

Maintenant, ma chère enfant, que je t'ai initiée aux principales choses d'où dérive la couture et qui la motivent, je t'envoie un travail précieux que j'ai composé avec beaucoup de peines et qui m'a coûté de longues veilles. Tu verras dans ma Préface le but et la portée de cet ouvrage, et je me fais un plaisir de te l'adresser, maintenant que te voilà grande. Si tu l'étudies consciencieusement, tu en tireras bon parti, et si tu prends exactement tes mesures, tu n'auras même pas besoin d'essayer tes vêtements, juge combien de temps économisé pour les personnes qui confectionnent des vêtements sur une grande échelle. Ce nouveau système que j'ai créé, est la manière de prendre les mesures et de faire les patrons de tous les vêtements possibles, et c'est le seul qui soit infaillible et parfait, puisqu'il repose sur des bases naturelles et mathématiques.

A MA MÈRE

J'ai voulu, par ce travail assidu, ingrat et long, me rendre utile, je n'ose pas dire agréable, à la classe riche, en lui fournissant l'occasion d'occuper les jeunes ouvrières, et les préserver ainsi, des dangers de l'atelier.

Avant de savoir si le succès couronnera mes efforts, je viens, ô ma mère chérie, le mettre sous ton patronage, et t'en faire l'hommage, en reconnaissance de tous les soins dont tu m'as sans cesse entourée. Qu'il soit une faible récompense de tes vertus, et de celles que tu t'es efforcée de faire germer dans mon cœur! Il est, du reste, le résultat des inspirations heureuses qu'ont fait naître dans mon âme tes sages conseils et ta tendre sollicitude.

MARIETTE.

PRÉFACE

L'art de savoir tailler un vêtement fait son élégance, sa grâce et sa beauté. Les robes des dames, surtout, demandent une exactitude très-grande, pour que, dans l'opération de la coupe, il ne tombe pas des restes inutiles qui deviennent toujours onéreux. Or, tailler une robe, sans être exposée aux dégâts d'étoffe, est un avantage prodigieux. Pour arriver à ce résultat, j'ai pensé que le corps humain ayant ses proportions réglées, il en découlait une conséquence infaillible : C'est que, pour le vêtir gracieusement, il était de toute nécessité d'agir suivant les règles de ses proportions. Cette pensée m'a amenée à fixer et déterminer ces règles par un principe mathématique.

Après un travail long et sévère, mûri par l'expérience, je suis arrivée à un but que je n'avais même pas osé espérer. Le résultat a dépassé mon attente. Les infirmités et les disproportions corporelles disparaissent devant notre système, qui a **véritablement** triomphé de toutes les difficultés : on en jugera.

Par lui, toutes les dames peuvent tailler elles-mêmes leurs vêtements dans le genre qui leur plaît, et d'une manière aussi facile que certaine.

Le fond de notre pensée, en composant cet ouvrage a été, surtout, nous l'avouons, de faciliter et d'encourager les dames de la classe élevée à faire confectionner chez elles leurs vêtements, trouvant, à cela, l'avantage de rajeunir les robes dont la forme avait vieilli, d'approprier à leur toilette, par notre système, toutes les productions de la mode, et d'être toujours vêtues avec la plus gracieuse élégance.

Pour nous, la conséquence qui nous flatte le plus, est que les jeunes ouvrières employées et occupées par ces dames honorables, et souvent mères de famille, seront préservées de l'insalubre et dangereux contact de l'atelier.

Si notre intention est comprise, nous aurons été récompensée, et nous aurons atteint le point le plus attrayant de notre but.

Mariette.

L'ART

ET

L'ÉLÉGANCE DES VÊTEMENTS

PRIS DANS LA NATURE ET DANS LA LOGIQUE

LA MESURE

La mesure tracée en face de cette feuille représente une bande de papier très-fort de la largeur de six centimètres que l'on plie en trois, et qui doit avoir la longueur, à partir de la naissance du cou jusqu'à la cheville du pied, de la personne à qui l'on veut prendre mesure, et qui sert à prendre toutes les mesures. L'un des bouts est légèrement taillé et doit toujours servir de point de départ.

Cette bande est coupée en trois parties; pour l'avoir dans son entier, il faut joindre les bouts marqués par A B, et ceux marqués par C D de manière à ce que ces bouts perdus l'un contre l'autre donnent à la bande sa largeur naturelle; en formant un losange par la réunion des trois parties, on aura la mesure dans son entier.

— 34 —

La personne à qui l'on prend mesure, et qui doit être placée de face, est notre deuxième figure. Le dos, notre troisième. Ainsi :

PREMIÈRE FIGURE. — La bande qui est en marge.

DEUXIÈME FIGURE. — La face de la personne à qui l'on prend mesure.

TROISIÈME FIGURE. — Le dos de cette même personne.

Ceci posé et bien compris, nous allons prendre la mesure sur le corps même, en procédant comme suit :

Bien entendu que si la personne porte un corset, comme il arrive à la plus grande partie des dames, il est important qu'elle serre son corset juste, comme elle a l'habitude de le porter.

ORDRE POUR PRENDRE LA MESURE SUR LE CORPS.	MARQUES DE LA MESURE. (On les compte en commençant par le bout entaillé)
1. Le tour du corps.	1. Le tour du bras au poignet.
2. Largeur de la poitrine.	2. Le tour du bras près l'épaule.
3. Le tour de la taille.	3. Longueur de la taille.
4. La longueur de la taille.	4. Largeur de la poitrine.
5. La longueur du bras.	5. Le tour de taille.
6. Le tour du bras au poignet.	6. Le tour du corps.
7. Le tour du bras près l'épaule.	7. Longueur du bras.
8. Longueur du jupon par flanc, de la hanche à la cheville.	8. Longueur du jupon de la hanche, à la cheville.
9. Longueur du jupon par derrière, de la taille à la cheville.	9. Longueur du jupon par derrière, de la taille à la cheville.
10. Longueur du jupon par devant, de la taille à la cheville.	10. Longueur du jupon par devant, de la taille à la cheville.

PREMIÈRE MESURE.

LE TOUR DU CORPS.

Pour prendre la mesure du tour du corps, qui est la première mesure et la plus importante, il faut placer la bande sous le bras droit, et le joignant; puis, avec la main droite, diriger le bout de la bande de manière à ce qu'il arrive juste au milieu de la poitrine, où vous l'arrêtez avec une épingle, si, ce qui est mieux, vous ne le faites tenir par la personne avec le bout du doigt. On abandonne ce bout pour remplacer la main gauche qui tient la bande assujettie sous le bras droit, et avec celle-ci on conduit, en passant sur le dos, et on vient passer la mesure sous le bras gauche, ce qu'il faut de la bande pour arriver au milieu de la poitrine rejoindre le premier bout, point de départ où on a commencé à mesurer. Cette bande doit former un cercle parfait autour du corps, indiqué par les dessous de bras. Elle ne doit pas être trop tendue, ni faire la moindre ondulation. Nous insistons sur les détails de cette mesure, car tout notre système en résulte, et de sa justesse dépend la grâce des vêtements.

Cette première mesure, que nous appelons le tour du corps, se plie en deux, pour en prendre la moitié, et on marque cette moitié n° 6, dans le milieu de la bande.

DEUXIEME MESURE.

LARGEUR DE LA POITRINE.

Pour prendre cette mesure, il faut placer le bout de la bande à la naissance du bras, c'est-à-dire où les chairs se plient, et de là la faire glisser, en la descendant, sur les points culminants de la poitrine, pour rejoindre la naissance de l'autre bras, formant ainsi un feston. Il est nécessaire que cette mesure soit prise avec beaucoup de précision, sans tirer ni lâcher la bande.

On partage cette mesure en deux, comme les autres, et on la marque du numéro 4, dans le milieu de la bande.

TROISIÈME MESURE.

LE TOUR DE TAILLE.

Cette mesure se prend au-dessus des hanches. Si une dame a le corset bien serré, on la prend de deux doigts plus étroite; si le corset n'est pas bien serré, on la prend de trois doigts. On plie également cette mesure en deux pour en conserver la moitié que l'on marque du n° 5 dans le milieu de la bande.

QUATRIÈME MESURE.

LONGUEUR DE LA TAILLE.

Cette mesure se prend depuis le creux du dessous du bras, pendant naturellement, jusqu'à la naissance de la hanche, et on la marque sur le bord de la bande du n° 3.

CINQUIÈME MESURE.

LONGUEUR DU BRAS.

Cette mesure se prend à la naissance du bras du côté de l'épaule, également à l'endroit où la chair se plisse, jusqu'à la jointure de la main, le bras tendu; on la marque sur le bord de la bande par le n° 7.

SIXIÈME MESURE.

TOUR DE LA MAIN.

On entoure le bras près du poignet avec la bande dont on prend la moitié, on la marque dans le milieu de la bande par le n° 1.

SEPTIÈME MESURE.

LARGEUR DU BRAS.

Cette mesure se prend sous le bras, en l'entourant à ses deux naissances de l'épaule et de la poitrine; on en prend la moitié, que l'on marque au milieu de la bande par le n° 2.

HUITIÈME MESURE.

LONGUEUR DU JUPON DE LA ROBE.

Cette mesure se prend de la hauteur de la hanche en passant sur la hanche, et jusqu'à la cheville du pied, et se marque sur le bord de la bande par le n° 8.

NEUVIÈME MESURE.

LONGUEUR DU JUPON PRISE PAR DERRIÈRE.

Cette mesure se prend du pli du bas de la taille jusqu'à la cheville, et se marque sur le bord de la bande par le n° 9.

DIXIÈME MESURE.

LONGUEUR DU JUPON PRISE PAR DEVANT.

Cette mesure se prend du pli de la taille sur le ventre jusqu'à la cheville, et se marque sur le bord de la bande par le n° 10.

Le tour du corps, qui est le n° 6, dont on n'a pris que la moitié, est marqué dans le milieu de la bande.

Le tour de la taille, qui est le n° 5, dont on n'a pris que la moitié, est marqué dans le milieu de la bande.

La largeur de la poitrine, qui est le n° 4, dont on n'a pris que la moitié, est marquée dans le milieu de la bande.

Le tour du bras au poignet, qui est le n° 1, dont on n'a pris que la moitié, est marqué dans le milieu de la bande.

Le tour du bras, qui est le n° 2, dont on n'a pris que la moitié est marqué au milieu de la bande.

Il est bien entendu que ces cinq mesures que nous avons marquées dans le milieu de la bande ne sont que des moitiés, et c'est pour cela que nous les avons placées dans le milieu de la bande. Les mesures marquées sur le bord de la bande sont des mesures entières.

La longueur de la taille, qui est le n° 3, est marquée sur le bord de la bande.

La longueur du bras, qui est le n° 7, est marquée sur le bord de la bande.

La longueur du jupon, de la hanche à la cheville, qui est le n° 8, est marquée sur le bord de la bande.

La longueur du jupon prise par derrière de la taille à la cheville, qui est le n° 9, est marquée sur le bord de la bande.

La ongueur du jupon prise par devant, et qui est le n° 10, est marquée sur le bord de la bande.

REMARQUE PREMIÈRE.

Ces trois mesures prises pour le jupon sont pour que le bas de la robe tombe tout autour avec une égalité parfaite. Pour suivre les exigences de la mode, on n'aura qu'à supprimer ou ajouter.

REMARQUE DEUXIÈME.

Il va sans dire que la personne doit toujours avoir un corset bien fait et qui lui aille bien.

REMARQUE TROISIÈME.

Si une dame doit porter un vêtement sous sa robe, on prendra la mesure lorsqu'elle aura sur elle ce vêtement.

RAISON DE LA MESURE.

Ainsi que tous les savants l'ont démontré, les membres du corps de l'homme ont, les uns envers les autres, des proportions certaines, et la mesure exacte d'une des parties nous donne celle de toutes les autres.

PREUVE.

Notre première mesure est celle du tour du corps prise à partir du milieu de la poitrine, passant sous les bras, les épaules et venant rejoindre le milieu de la poitrine, point du départ.

De cette mesure, qui a été pliée en deux, nous en avons conservé la moitié, et marqué cette moitié dans le milieu de la bande par le n° 6. Nous prenons le côté de la bande qui n'a pas servi, nous en plaçons le bout à la marque n° 4, qui indique le milieu de la largeur de la poitrine, et nous mesurons jusqu'au milieu du tour du corps, qui est le n° 6 : nous marquons cette mesure d'un zéro. Nous divisons cette longueur en trois parties marquées également d'un zéro, comme on peut le voir figure 4. Nous replions en deux chacune de ces trois parties, ce qui en produit six. — Nous avons prié, lorsque nous avons pris les mesures du tour du corps et de la poitrine, ceux qui ont cette opération à faire, d'y mettre tous les soins possibles. On jugera de l'importance de cette mesure par les conséquences que nous en déduirons ; car, avec ces six parties que nous venons de mentionner, qui ont été prises de la largeur de la poitrine n° 4 jusqu'à celle du tour du corps n° 6, nous composerons tous nos patrons. Ainsi, l'un des côtés de la mesure qui est entaillé représente toutes les mesures qui ont été prises, et l'autre côté de la mesure représente les six parties dont nous avons parlé.

Il existe trois genres de robes d'où découlent toutes les autres variétés :

La douillette à dos plat, dont les coutures des épaules se font bas.

La capote ou robe de ville, dont les coutures sont un peu plus élevées que celles de la douillette. Enfin :

La robe, dont les coutures sont tout à fait sur le haut de l'épaule. Ce modèle s'emploie surtout pour les bals et les grandes cérémonies. La robe est toujours décolletée.

PATRON

DE LA DOUILLETTE

Nous appellerons ce patron : patron-mère, parce que de celui-là naissent tous les autres.

DE LA TAILLE

La taille est la partie la plus essentielle et la principale du corps de la femme, quant au plastique.

Si Cendrillon n'avait que son petit pied, l'Aurore que ses doigts de roses, cela ne constituerait ni une jolie fille, ni une radieuse divinité. La taille est véritablement la partie essentielle.

L'abeille, la guêpe, la demoiselle verte des champs, voilà les êtres dont la taille gracieuse et élancée est toujours donnée pour point de comparaison; quelquefois aussi, un arbrisseau droit et souple; souvent, la fine et longue tige d'une fleur. Rien de tout cela n'approche la beauté de la taille de la femme. Ici serait le lieu d'en faire la description, mais elle a été tracée, peinte si souvent et si bien, que, n'aimant pas les répétitions, nous nous abstenons et n'en parlons qu'au point de vue de notre ouvrage.

La taille est la partie du corps qui donne la grâce, la beauté, la majesté, l'imposant à l'ensemble.

La taille donne à la femme sa désinvolture, la fierté de son aspect, la finesse et la grandeur de sa démarche, l'abandon et la volupté de ses poses. Donc, la taille est pour la femme une chose à soigner ; donc, les vêtements qui l'enveloppent, au lieu de la paralyser, de la restreindre, de la masquer, de la dévier ; doivent, au contraire, la soutenir, la dessiner, la développer, l'épanouir.

PATRON DE LA DOUILLETTE

1ᵉʳ MODÈLE, DOS, FIG. 4.

(Patron-mère).

On tire deux lignes, une en longueur et une en largeur qui, réunies, forment une équerre, comme le représente la figure 4. Je prends le bout de ma mesure, je le pose à l'équerre et je mesure trois parties et demie des six que nous avons marquées par zéro. Je fais un point qui marque ces trois parties et demie..

De ce point que je viens de marquer, j'en mesure encore deux que je marque aussi par un point ; je prends l'autre bout de la mesure qui est entaillé et je le pose à la dernière mesure que je viens de prendre. Je mesure la longueur de la taille qui est le n° 3, entaillé sur le bord de la mesure : avec une règle je tire trois lignes : la première où j'ai marqué trois parties et demie ; la seconde où j'ai marqué deux parties ; la troisième où j'ai marqué la longueur de la taille. Ces mesures que nous venons d'indiquer déterminent la longueur du dos.

Passons maintenant aux largeurs :

Sur la première ligne qui fait l'équerre, je mesure un partie et demie.

Sur la deuxième ligne je mesure quatre parties et demie.

Sur la troisième ligne je mesure cinq parties.

Sans ôter la mesure, un doigt au-dessus de la quatrième partie, je fais une marque pour indiquer l'endroit où l'on tourne pour faire l'échancrure du dessous de bras comme on peut le voir figure 4.

Sur la quatrième ligne je mesure un quart du tour de la taille qui est le n° 5 : avec la règle je tire une ligne de l'endroit où j'ai tracé une partie et demie sur la première ligne, jusqu'à la deuxième

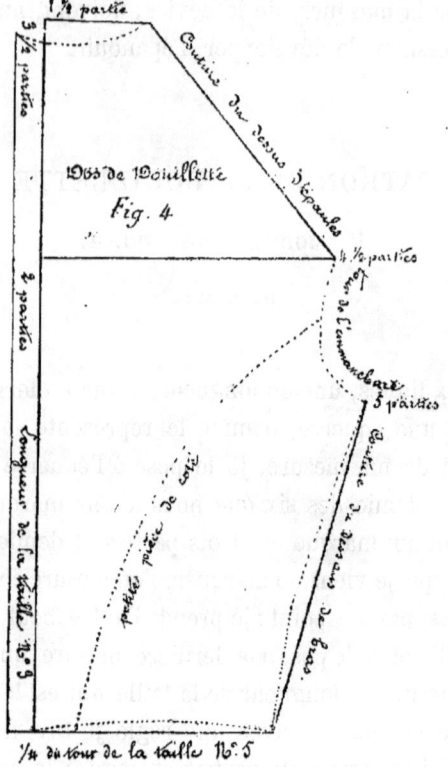

PATRON DU DOS DE LA DOUILLETTE.

ligne sur laquelle on a marqué 4 et demi. Cette ligne est celle qui forme la couture du dessus de l'épaule ; à partir de cette ligne qui indique la couture, je fais des points jusqu'à la marque qui détermine l'échancrure du dessous du bras, comme on le voit figure 4 ; avec le crayon on trace la couture du dessous du bras ; à partir de l'endroit où sont marquées les cinq parties, jusqu'à la quatrième ligne sur laquelle on a marqué le tour de taille en creusant légèrement comme l'indiquent les points de la figure 4, et suivant que sous le bras la personne est plus ou moins creuse. Au bas du dos, de la couture du dessous du bras à celle du milieu du dos, on échancre un peu le bas de la taille pour éviter les plis qui se forment souvent en cet endroit, particulièrement chez les personnes qui ont de l'embonpoint. Quand on veut faire le dos avec une pièce, on trace, par des points au crayon, un contour qui prend à la naissance du bras, du côté de l'épaule et vient rejoindre le milieu du dos, au bas de la taille en laissant plus ou moins de distance d'avec la couture suivant la taille de la personne.

Quand on veut que la robe fasse la pointe par derrière, comme quelquefois la mode l'a indiqué, on allonge la ligne qui indique le milieu du dos de la grandeur que l'on veut que la pointe soit, et l'on retourne en perdant vers la taille.

La douillette restant montante, on échancre seulement un peu en commençant à la couture du milieu de l'épaule, ainsi que l'indiquent les petits points de la figure 4.

Passons à la figure 5 : Devant de la douillette qui s'ajuste au dos de la douillette figure 4, que nous venons d'expliquer.

DEVANT DE LA DOUILLETTE. — FIG. V.

Ainsi que pour la figure 4, nous tirons deux lignes qui forment une équerre. Nous prenons le bout de la mesure du côté des six parties et nous mesurons, en hauteur du coin de l'équerre, deux parties marquées par un point ; nous en remesurons trois que nous marquons par un point également. Cela fait, nous prenons l'autre bout, entaillé de la mesure, pour marquer la longueur de la taille qui est le n° 3. Nous laissons momentanément le point qui marque les deux parties ; nous tirons une ligne où sont marquées les trois. Un peu au-dessous de cette ligne, à la valeur d'un travers de doigt, nous tirons une petite ligne pour préciser la hauteur du pli au-dessous de la gorge. Une troisième ligne est tirée où l'on a marqué la longueur de la taille n° 3.

Passons aux largeurs :

Sur la première ligne du haut qui aide à former l'équerre et sur

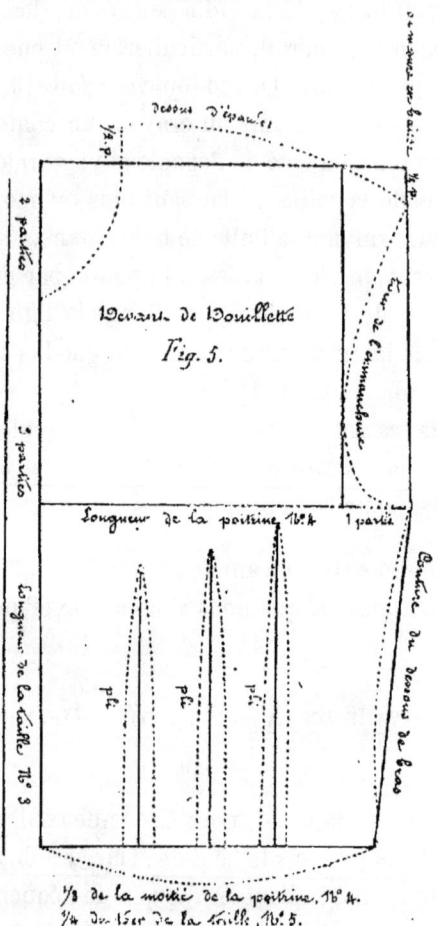

PATRON DU DEVANT DE LA DOUILLETTE.

la seconde ligne, nous mesurons la largeur de la poitrine, qui est n° 4. Nous prenons l'autre bout de la mesure où sont marquées les six parties par un zéro, et nous mesurons une partie sur la première et sur la seconde ligne du point où nous avons marqué la largeur de la poitrine.

Nous prenons la moitié de la mesure de la largeur de la poitrine qui est le n° 4, nous le plions en trois pour en avoir le tiers. Ce tiers de la poitrine est ce qui sert à former les plis de la gorge. Nous le marquons sur la troisième ligne par un point. Nous prenons le tour de la taille qui est marqué par le n° 5, nous plions en deux cette mesure, ce qui infailliblement nous donne le quart de la taille : nous marquons ce quart de tour de taille sur la troisième ligne après le point qui marque le tiers de la poitrine, et nous faisons un point. Sur la première ligne où vous avez marqué la largeur de la poitrine, vous avez marqué à côté une partie : vous avez marqué sur la deuxième ligne une seconde mesure : placez votre règle de l'un à l'autre de ces deux points et tirez une ligne qui deviendra parallèle à la première : prenez la longueur de la couture d'épaule du dos de la douillette, figure 4, posez cette couture au devant de la douillette, figure 5 ; et à partir de l'équerre de l'emmanchure, mesurez la longueur de la couture du dos que vous marquerez, et l'excédant du devant vous donnera la grandeur de l'échancrure pour le cou. Nous prenons la bande du côté des parties ; nous mesurons une demi-partie au cou, où nous avons arrêté la couture : cette demi-partie se mesure en élevant ; puis à l'équerre de l'emmanchure, on mesure, en baissant, une autre demi-partie. Avec le crayon on trace une ligne courbe du point où on l'a élevée jusqu'au point où on l'a baissée : cette ligne doit être plus ou moins bombée, suivant que l'épaule est plus ou moins saillante : du tour du bras où l'on a baissé la mesure, on descend en creusant jusqu'à la partie qui est marquée et qui forme le dessous du bras, comme l'indique figure 5, patron de la Douillette, notre patron-mère. De l'endroit où se trouve marqué le dessous du bras, on descend jusqu'où est marquée la largeur du tour de la taille, en creusant comme pour le dos.

ÉCHANCRURE DU COU.

L'échancrure du cou se fait en partant de l'épaule, de l'endroit où nous avons élevé une demi-partie en descendant jusqu'où sont marquées les deux parties sur la ligne de devant.

POUR FORMER LES TROIS PLIS DE LA TAILLE.

Il faut pour cela mesurer depuis l'équerre du devant, un tiers de la poitrine ; mesurer également un tiers de la poitrine du côté du dessous du bras, puis prendre la moitié de l'intervalle qui sépare ces deux tiers et marquer un point. Ces trois mesures indiquent la place des trois plis. Vous tirez une ligne droite à chaque marque de pli pour en préciser la place ; vous obtenez la profondeur du pli en divisant en trois, le tiers de la moitié de la poitrine : vous pliez en deux un des trois plis obtenus, vous le mettez en regard de la ligne qui précise le pli, vous marquez de chaque côté, et de là résulte la profondeur du pli. Ce pli se trace en venant finir à la petite ligne, figure 5.

Nous avons fait le patron de la douillette, nous allons tailler cette robe.

TAILLE DU JUPON.

La mode vous a indiqué si la robe était traînante, vous avez pris vos trois mesures, comme nous vous l'avons dit. Ajoutez à ces mesures ce que vous voulez que la robe traîne, ce qui est nécessaire pour faire l'ourlet, et le repli pour le coudre à la taille, et coupez. Les poches et toutes les garnitures sont des affaires de goût et de circonstance.

Si l'étoffe est à carreaux, il est tout simple qu'il faut les faire rencontrer.

Quand la robe doit être doublée, on commence toujours par couper la doublure.

Le dos de la douillette.

TAILLE DU DOS DE LA DOUILLETTE.

Le dos de la douillette se coupe droit fil; il n'y a pas de couture dans le milieu.

Si vous voulez faire un petit côté, ainsi qu'il est tracé sur le patron, et comme il s'en fait quelquefois, séparez ce petit côté avant de tailler.

Epinglez votre patron sur l'étoffe, passez un fil tout autour du patron pour indiquer où l'on doit coudre et retirez vos épingles.

Il est bien entendu que vous laissez pour vos coutures, en sus du patron, l'étoffe qu'elles exigent.

Pour le devant, doublez votre étoffe comme pour le dos et posez le patron au droit fil; passez un fil tout autour du patron, comme pour le dos.

POUR COUPER LES MANCHES.

Pliez votre étoffe, posez et épinglez votre patron.

La manche se coupe habituellement droit fil, à quelques exceptions près, que la mode vous indique.

MANIÈRE DE COUDRE LA ROBE.

L'étoffe et la doublure sont faufilées ensemble. Si le dos a un petit côté, on commence par le faufiler à la partie du dos, d'où il a été retiré.

A la partie du devant, on faufile les trois plis comme nous l'avons indiqué.

On pose les agrafes.

On réunit les deux dessous de bras, en commençant à l'emmanchure. Si l'une des deux parties était plus longue, c'est au bas de la taille qu'il faudrait la couper pour l'égaliser avec l'autre. Cette différence de longueur proviendrait de ce que l'on aurait plus ou moins creusé la partie du dos.

On fait la couture du dessous de l'épaule, en commençant toujours à l'emmanchure. C'est autour du cou qu'on égalisera. S'il y avait une différence, elle proviendrait de ce qu'on aurait plus ou moins arrondi la partie du devant à l'épaule.

Pour la couture du dessus de l'épaule et celle du dessous de bras, le point de surjet est le préférable.

Les trois plis que l'on fait à la partie du devant doivent être cousus en dedans.

Quand on a réuni la partie du dos à celle du devant, le tour de l'emmanchure doit avoir huit parties et demie.

Essayez cette taille, elle ira parfaitement si vous avez pris les mesures comme nous vous les avons indiquées.

REMARQUE ESSENTIELLE.

Les personnes qui ont le dessous de la gorge creux, creuseront alors plus ou moins ce pli ; ceci leur est relatif et devient une affaire de proportion qui ne peut être reconnue que par elles-mêmes.

Pour les personnes qui ont la taille courte et les hanches fortes, il faut, à l'endroit où l'on monte le jupon, faire la couture du pli un peu moins profonde et ressortir un peu à la couture du dessous de bras pour éviter que la taille remonte.

Celles qui ont de l'obésité, ajouteront droit devant ce que leur obésité exige d'ampleur, et iront en perdant à peu près jusqu'aux points où commencent les pinces; plus haut, si l'obésité est très-forte. Si l'on a soin d'ajouter ce que demande l'obésité, la robe tombera aussi bien que celle qui n'a que l'étoffe ordinaire.

Ceci s'applique surtout aux femmes enceintes qui sont souvent fatiguées et obligées de se dégrafer.

Il ne faut donc pas ajouter sous les bras, ainsi que cela arrive très-souvent chez presque toutes les couturières, et alors la taille tombera bien et la personne sera à son aise.

DES MANCHES

Toutes les robes ont des manches comme tous les corps ont des bras, à de rares exceptions près. C'est le raisonnement de M. de La Palisse,... qui, dans ce moment, nous suggère une pensée. Ceci posé : nous trouvons les manches plates, les manches bouffantes, les longues, les courtes, les droites, les obliques, les bouillonnantes pour les petits bras maigres ; les collantes pour les beaux bras gras, ronds, bien dessinés, au bout desquels se trouvent de petites mains, ayant doigts effilés, ongles rosés et pointus. Nous avons eu la manche *à gigot*, qui n'avait de bon que la pensée culinaire qu'elle nous suggérait. A la manche à gigot a succédé la manche *à la folle*, qui n'était qu'une amplification, ou plutôt une dégénérescence de sa sœur aînée. Cette manche à la folle était, pour les bras, deux jupes dont l'ampleur pendait jusqu'aux genoux. Tout le monde se souvient de la manche *à la religieuse* : cette manche, large aux poignets, faisait manchon pour les dames qui n'en avaient pas : elle était surtout très-commode et bien disposée pour recevoir et recéler les objets de toutes sortes, quelle que fût la main qui les y glissât, et de quelque main qu'ils fussent pris.

POUR FAIRE LES MANCHES.

La mode d'aujourd'hui est une manche étroite qui forme le coude. On prépare la mesure comme suit :

On prend une bande de papier que l'on entaille d'un bout; avec cette bande, on commence à mesurer le bras en plaçant la mesure à la naissance du bras vers l'épaule; on la descend jusqu'au coude; on fait plier le bras pour que le coude soit bien dessiné. On marque cette mesure sur le bord; on continue de mesurer à partir du coude jusqu'au poignet où l'on coupe la bande. On prend la mesure du côté que le bout est entaillé, commençant par le tour du poignet. On marque n° 1 dans le milieu de la mesure, parce que ce n'est qu'une moitié. En pliant le bras, on prend la largeur du tour du coude; on marque dans le milieu la mesure par n° 2. On mesure le tour du bras à l'emmanchure; on prend le milieu et l'on marque n° 3. On tire deux lignes pour faire l'équerre comme de coutume, et sur la ligne d'équerre, je pose la mesure par le bout entaillé, je

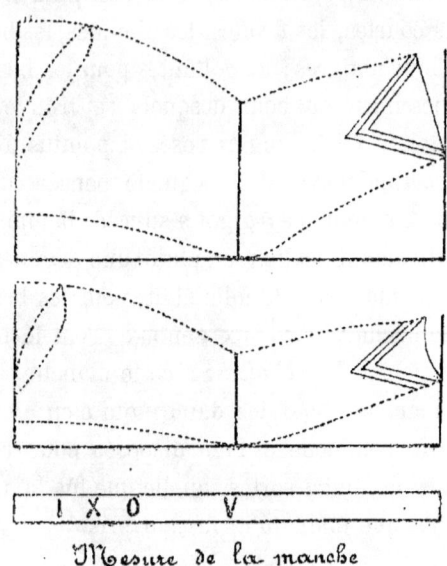

Mesure de la manche

la descends jusqu'à la marque qui est sur le bord, indiquant le coude; je fais un point et je continue jusqu'au bout de la mesure qui m'indique la longueur du bras.

Sur la première ligne, je marque la largeur du tour de l'emmanchure qui est le n° 3.

Où j'ai marqué le coude, je marque la largeur du coude qui est n° 2, et où j'ai marqué la longueur du bras, je mesure le n° 1. Je fais un point. Je mesure encore une fois la même mesure que je marque encore par un point.

Je tire une ligne où j'ai marqué la largeur du tour du coude, et j'en tire une où j'ai marqué le tour du poignet. Je pars de la ligne de l'équerre et descends en arrondissant pour rejoindre la seconde ligne où j'ai marqué le tour du coude; je marque le creux et descends jusqu'à la marque du tour du poignet.

A partir de la ligne qui indique le tour du coude, je descends jusqu'au point où j'ai marqué le premier tour du poignet; c'est ce biais qui forme le coude. Du point où je me suis arrêtée, je trace une ligne qui vient rejoindre la couture du bras, et je supprime l'excédant.

Dans le haut de la manche, une partie au-dessous de la ligne, on vient, en perdant, rejoindre le dessus de la manche pour arrondir. Une fois qu'on a arrondi sa manche, on creuse un peu la partie du devant, comme l'indiquent les petits points, pour éviter les plis.

PATRON DE LA CAPOTE

DEUXIÈME MODÈLE, DOS, FIGURE VI.

Je tire deux lignes, une en longueur et une en largeur, qui, réunies, forment l'équerre, comme le représente la figure 4. Je prends

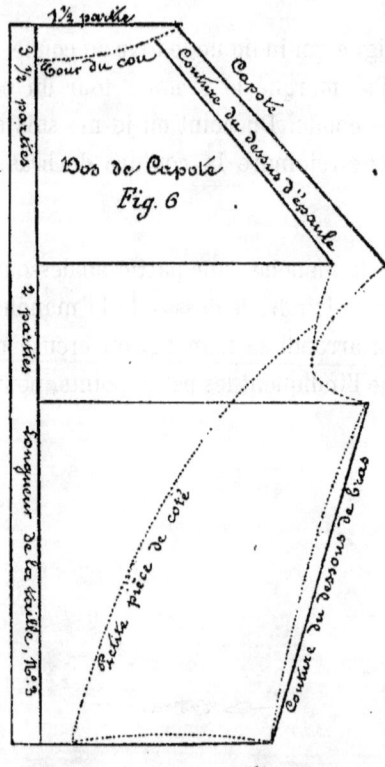

PATRON DU DOS DE LA CAPOTE.

le bout de ma mesure que je pose à l'équerre et je mesure trois parties et demie des six que nous avons marquées par zéro. Je fais un point qui marque ces trois parties et demie : de ce point que je viens de marquer, j'en mesure encore deux que je marque aussi par un point; je prends l'autre bout de la mesure qui est entaillé et je le porte à la dernière mesure que je viens de prendre, et je mesure la longueur de la taille qui est le n° 3 entaillé sur le bord de la mesure. Avec la règle, je tire trois lignes : la première, où j'ai marqué les trois parties et demie; la seconde, où j'ai marqué deux parties; la troisième, où j'ai marqué la longueur de la taille.

PASSONS MAINTENANT AUX LARGEURS.

Sur la première ligne qui fait l'équerre, je mesure une partie et demie.

Sur la deuxième ligne, je mesure quatre parties et demie.

Sur la troisième ligne, je mesure cinq parties.

Sans ôter la mesure, un doigt au-dessus de la quatrième partie, je fais une marque pour indiquer l'endroit où l'on tourne pour faire l'échancrure du dessous de bras, comme on peut le voir figure 4.

Sur la quatrième ligne, je mesure un quart du tour de la taille qui est le n° 5; avec la règle, je tire une ligne de l'endroit où j'ai tracé une partie et demie sur la première ligne, jusqu'à la deuxième sur laquelle on a marqué quatre et demie. Cette ligne est celle qui forme la couture de l'épaule.

Avec le crayon, je trace l'emmanchure jusqu'à la marque qui indique le contour du dessous du bras; on forme le contour pour s'arrêter où l'on a marqué les cinq parties.

Avec le crayon, on trace la couture du dessous de bras à partir de l'endroit où sont marquées les cinq parties jusqu'à la quatrième ligne sur laquelle on a marqué le tour de taille, en creusant légèrement, comme l'indiquent les points de la figure 4 et suivant que, sous le bras, la personne est plus ou moins creuse.

De la couture du dessous de bras à celle du milieu du dos, on échancre un peu le bas de la taille pour éviter les plis qui pourraient se former sur la hanche.

Quand on veut faire le dos avec une pièce, on trace, par des points au crayon, un contour qui commence à la jointure de l'épaule et vient rejoindre le bas de la taille, en laissant plus ou moins de distance d'avec la couture, suivant la taille de la personne. Quand on veut que la robe fasse la pointe par derrière, comme quelquefois la mode le commande, on allonge la ligne de la grandeur qu'on veut que la pointe soit, et l'on retourne en perdant vers la couture du dessous du bras.

Ce patron est textuellement celui de la douillette. Il devient patron de la capote, dos figure vi, en ajoutant une demi-partie à la couture du dessous de l'épaule, du côté du cou, et trois quarts de partie à la couture du côté de l'emmanchure. Avec la règle, on tire une ligne d'une marque à l'autre. Avec le crayon, on arrondit l'emmanchure, en venant rejoindre la précédente.

Pour décolleter le tour du cou, on trace de la couture du milieu jusqu'à l'épaule, ainsi que l'indiquent les petits points, ce que l'on veut que la robe soit décolletée.

DEVANT DE LA CAPOTE. — FIGURE VII.

Le devant de la capote porte figure 7 et s'assemble avec le dos, figure 6.

Nous tirons deux lignes qui forment une équerre ; nous prenons le bout de la mesure du côté des six parties, et nous mesurons, en hauteur du coin de l'équerre, deux parties marquées par un point. De ce point, on mesure trois parties ; cela fait, nous prenons l'autre bout de la mesure pour marquer la longueur de la taille qui est le n° 3. Nous laissons momentanément le point qui marque les deux parties ; nous tirons une ligne où sont marquées les trois parties. Un peu au-dessous de cette ligne, à la distance d'un travers de doigt,

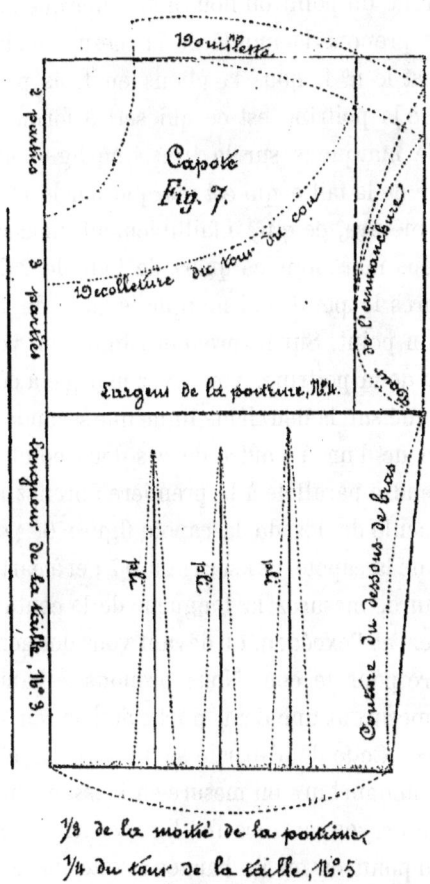

PATRON DU DEVANT DE LA CAPOTE.

nous tirons une petite ligne comme l'indique la figure 5, pour marquer la hauteur que doivent avoir les plis. Une troisième ligne est tirée où l'on a marqué la longueur de la taille n° 3.

Passons aux largeurs :

Sur la première ligne du haut qui aide à former l'équerre et sur la seconde ligne, nous mesurons la largeur de la poitrine qui est n° 4. Nous prenons l'autre bout de la mesure où sont marquées les six parties par un zéro, et nous mesurons une partie sur la première et la seconde ligne du point où nous avons marqué la largeur de la poitrine. Nous prenons la moitié de la mesure de la largeur de la poitrine, qui est le n° 4, nous la plions en trois pour en avoir le tiers. Ce tiers de la poitrine est ce qui sert à former les plis de la gorge. Nous le marquons sur la troisième ligne un point, nous prenons le tour de la taille qui est marqué par le n° 5, nous plions en deux cette mesure, ce qui, infailliblement, nous donne le quart de la taille ; nous marquons ce quart de tour de taille sur la troisième ligne après le point qui marque le tiers de la poitrine, et nous faisons un point. Sur la première ligne où vous avez marqué la largeur de la poitrine, vous avez marqué à côté une partie, vous avez marqué sur la deuxième ligne une seconde mesure. Placez votre règle de l'un à l'autre de ces deux points, et tirez une ligne qui deviendra parallèle à la première ; prenez la longueur de la couture d'épaule du dos de la capote figure 6, posez cette couture au devant de la capote, qui sera figure 7 ; et à partir de l'équerre de l'emmanchure, mesurez la longueur de la couture du dos que vous marquerez, et l'excédent du devant vous donnera la grandeur de l'échancrure pour le cou. Nous prenons la bande du côté des parties ; nous mesurons une demi-partie au cou, où nous avons arrêté la couture. Cette demi-partie se mesure en élevant, puis à l'équerre de l'emmanchure on mesure en baissant, une autre demi-partie. Avec le crayon on trace une ligne courbe du point où on l'a élevée jusqu'au point où on l'a baissée ; cette ligne doit être plus ou moins bombée, suivant que l'épaule est plus ou moins saillante ; du tour du bras où l'on a baissé la mesure on descend en creusant jusqu'à la partie qui est marquée et qui forme le dessous du bras comme l'indique le n° 5, devant de la douillette patron-mère. De l'endroit où se trouve marqué le dessous du bras, on descend jusqu'où est marquée la largeur du tour de la taille, en creusant comme pour le dos.

Ce patron est textuellement celui du devant de la douillette, figure v. Il devient capote, figure vii. On supprime autour du cou, une demi-partie, et trois quarts de partie autour du bras. Cette déduction faite, on retrace la ligne courbe comme elle était précédemment; autour du bras, on retrace l'emmanchure pour venir rejoindre la précédente.

Nous ferons observer que le patron de la douillette et celui de la capote sont exactement les mêmes. Il n'y a que la couture de l'épaule qui diffère.

Ce que nous avons ajouté au dos, nous l'avons supprimé au devant. C'est une chose facultative; seulement, il faut avoir soin de bien ajouter à l'un ce que vous avez supprimé à l'autre.

ÉCHANCRURE DU COU.

L'échancrure du cou se fait en partant de l'épaule, de l'endroit où nous avons élevé une demi-partie en descendant jusqu'où sont marquées les deux parties sur la ligne de devant.

Pour former les trois plis de la taille :

Il faut pour cela, mesurer depuis l'équerre du devant un tiers de la poitrine; mesurer également un tiers de la poitrine du côté du dessous du bras, puis prendre la moitié de l'intervalle qui sépare ces deux tiers et marquer un point. Ces trois mesures indiquent la place des trois plis. Vous tirez une ligne droite à chaque marque de plis pour en préciser la place; vous obtiendrez la profondeur du pli en divisant en trois le tiers de la moitié de la poitrine; vous pliez en deux un des trois tiers obtenus, vous le mettez en regard de la ligne qui précise le pli ; vous marquez de chaque côté, et de là résulte la profondeur du pli. Ce pli se trace en venant à la petite ligne, figure 5.

Ce devant de capote est tracé avec les mêmes mesures que celui de la douillette. Pour faire le patron du dos de la capote, nous avons ajouté une demi-partie sur l'épaule près le cou, et trois quarts de partie à l'emmanchure du bras vers l'épaule. Ce que nous avons ajouté au dos, nous le supprimons au devant, c'est-à-dire une demi-partie autour du cou et trois quarts de partie à l'emmanchure. Ces deux mesures supprimées, on tire la ligne courbe qui forme l'épaule, comme à la douillette. Les remarques pour la douillette s'appliquent également à la capote.

— 59 —

PATRON DE LA ROBE

TROISIÈME MODÈLE. — DOS FIGURE VIII.

Pour faire ce modèle de robe de grande toilette, on trace exac

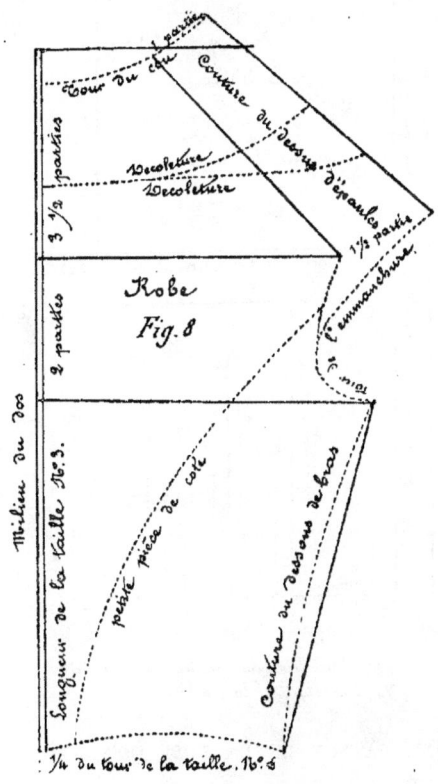

PATRON DE LA ROBE (DOS).

tement le patron du dos de la douillette figure 4. Ce patron dessiné, on ajoute au cou une partie en montant, en plaçant la mesure un peu de biais et ajoutant une partie et demie à l'emmanchure.

DEVANT DE LA ROBE, FIGURE IX.

Ce devant se trace exactement comme celui de la douillette figure 5. Lorsqu'il est dessiné, on mesure une partie autour du cou

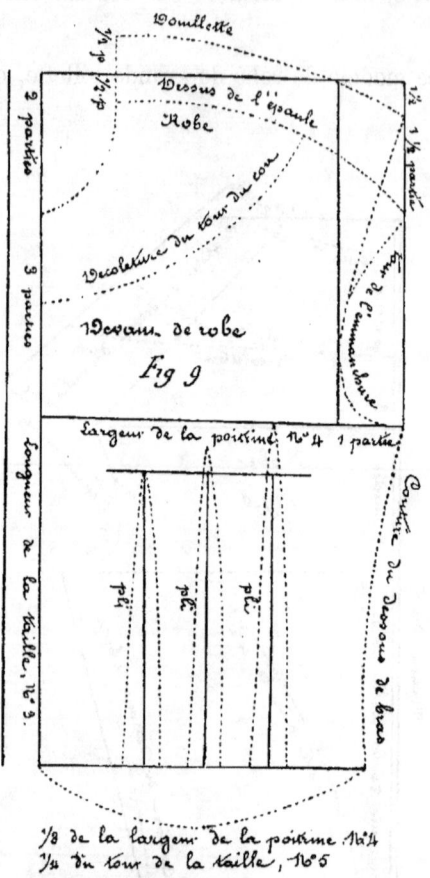

PATRON DE LA ROBE (DEVANT).

pour la supprimer : on mesure une partie et demie en descendant autour du bras également pour supprimer. Ces deux mesures indiquées, d'un point à l'autre on retrace la ligne courbe de l'épaule, comme elle était précédemment à la douillette. Ce que nous avons ajouté au dos, nous l'avons supprimé au devant.

Maintenant que le patron-mère est bien compris, nous avons à nous occuper à l'appliquer à toutes les modes passées, présentes et futures.

La nature a mis dans ses œuvres une variété infinie, et cependant tout est coordonné avec un ordre admirable; tout repose sur des bases logiques, certaines; tout s'enchaîne avec une merveilleuse rectitude, tout est uniforme dans son infinie variété. Prenez une feuille d'arbre et comparez-la à celle qui la touche, elle différera par quelque nuance, soit de couleur, soit de forme. Toutes les tiges d'une plante d'herbe sont les mêmes, et toutes ont individuellement des marques distinctives. Ce rosier a cinquante roses : ce sont toutes les mêmes roses, mais pas une fleur n'est exactement la même que sa semblable; pas un pétale de cette rose n'est identiquement le même que le pétale qui le joint. Cette vigne a mille grappes : ce sont toutes des grappes, mais toutes sont diversifiées entre elles; les grains mêmes de chaque grappe ont chacun leurs formes particulières comme la nuance de leur couleur. Les femmes sont toutes également formées de la même manière, se ressemblent uniformément toutes, et cependant pas une n'est exactement semblable à l'autre. Ceci est rigoureusement vrai, quelque disparate qu'en paraisse le raisonnement. Or, voici notre conclusion : la femme, qui est le chef-d'œuvre de la création, est donc uniforme quant à son essence d'être, mais infiniment variée quant à la réalité de son aspect, depuis le crétinisme physique et moral jusqu'au génie, jusqu'à l'idéale beauté.

Nous avons donc basé notre système sur le réel plastique, et nous suivons la nature dans toutes ses variétés, dans toutes ses nuances, dans tous ses développements.

Nous avons donné trois modèles : celui de la douillette qui est le patron-mère, dos figure 4. et devant figure 5.

Ce patron a été tracé d'après les mesures prises sur votre corps. Si les mesures ont été prises bien exactement, le vêtement doit s'adapter parfaitement sur le corps de la personne sans faire aucun pli, sans gêner aucun mouvement.

Pour faire le dos de la capote figure 6, il suffit d'ajouter une demi-partie autour du cou, et trois quarts de partie à l'emmanchure. On tire une ligne d'un point à un autre pour tracer la couture de l'épaule.

Ce que nous avons ajouté au dos, nous le supprimons au devant, figure 7. C'est-à-dire que nous ôtons une demi-partie à l'épaule du côté du cou, trois quarts de partie à l'emmanchure, et avec le crayon nous reformons la ligne courbe comme elle existait auparavant. On voit, par ce procédé que la couture du côté de l'épaule a seulement changé de place ; que celle-ci est un peu plus élevée que celle de la douillette.

Le troisième modèle de la robe est celui que l'on emploie pour cérémonies, bals, soirées, etc.

On prend le patron de la douillette, figure 4, on ajoute autour du cou une partie, et une et demie à l'emmanchure ; de ces deux points on tire une ligne pour tracer la couture de l'épaule.

Ce que nous avons ajouté au dos, figure 8, nous le supprimons au devant, figure 9, c'est-à-dire que nous ôtons autour du cou une partie, et une et demie à l'emmanchure ; et avec le crayon nous reformons la ligne courbe comme elle existait auparavant, et comme toujours la courbe change de place ; le patron reste le même.

On nous dira pourquoi ces changements de couture puisque le patron reste exactement le même? Voici : la couture de la douillette reste basse pour que le devant où l'on ne pose pas de garnitures, soit plus gracieux.

Celle de la capote est pour faciliter la pose des garnitures.

Celle de la robe décolletée la ferait grimacer à l'endroit des creux qui sont près des épaules, au-dessus de la poitrine.

Prenez mille journaux de Modes ; avec les trois patrons que nous vous donnons vous aurez toujours tous ceux des vêtements qu'ils vous présenteront, quels qu'ils soient.

RÉCAPITULATION DES FIGURES.

Dos de la douillette . . . . . figure 4.
Devant de la douillette . . . . figure 5.
Dos de la capote . . . . . . figure 6.
Devant de la capote . . . . . figure 7.
Dos de la robe . . . . figure 8.
Devant de la robe . . . . . . figure 9.

Maintenant nous allons donner des exemples.

APPLICATION

DES

TROIS RÈGLES PRÉCÉDENTES

AUX TOILETTES REPRÉSENTÉES

PAR NOS

PLANCHES DE MODES

PATRON DE LA ROBE EN LINOS

CHEMISE EN FOULARD

Ce patron est notre gravure Planche IV.

Cette chemise de foulard se fait sur le patron de notre douillette figure 4, avec des fronces dans le bas

Le devant est notre douillette figure 5.

On ajoute à cette largeur de patron, le double d'ampleur pour faire trois gros plis que l'on arrête sur les épaules. Cette taille n'a pas de ceinture; il y a dans le bas une coulisse que l'on serre à volonté. La jupe a beaucoup d'ampleur. La garniture du bas fait feston sur l'ourlet. De distance en distance, la garniture remonte sur le jupon et forme une bandelette. De gros boutons sont posés sur la garniture.

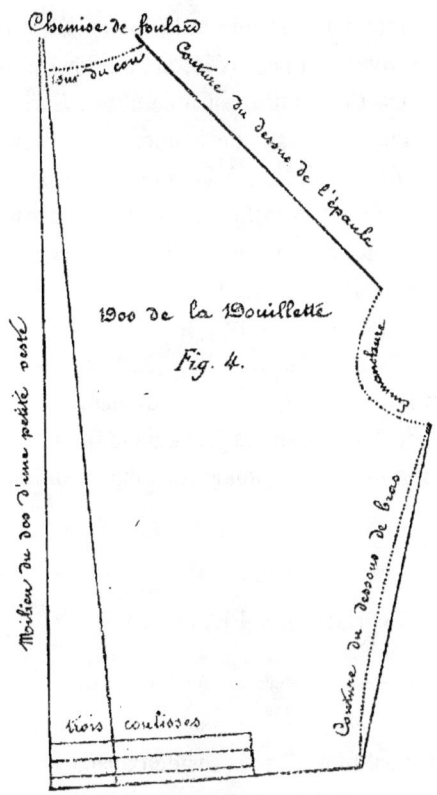

PATRON DE LA CHEMISE EN FOULARD (DOS).

Le patron de cette robe est une taille plate : c'est notre dos de robe figure 8 et son devant figure 9, avec trois plis cousus sur la gorge. Cette robe est décolletée en carré sur les épaules; les manches en sont courtes et larges.

ROBE EN LINON, AVEC ENTRE-DEUX DE DENTELLE.

(Ce modèle est le patron de notre gravure Planche V.)

Le modèle de cette robe est une taille plate. C'est notre dos de douillette figure 4, avec son petit côté, et son devant figure 5, avec ses trois plis cousus. Cette taille est à ceinture, à manches plates.

A partir de la ligne du devant de l'équerre, on mesure un pli et demi sur la ligne de la ceinture à la couture du dessous de bras. On mesure sur la ligne de la taille un pli et demi. Entre ces deux mesures que nous venons de marquer, il doit rester le quart du tour de taille. A partir de la petite ligne qui indique la hauteur des plis de la taille, on trace, en élargissant, jusqu'au point où on a marqué le pli et demi sur la ligne de la taille. On trace en commençant à l'emmanchure et l'on vient rejoindre, également en élargissant, le pli et demi qui a été tracé sur la ligne de la taille. Ces deux soustractions faites, il nous reste le quart du tour de taille. La manche est plate.

COSTUME DE PETIT GARÇON.

(Ce modèle est le patron de notre gravure Planche VI.)

Ce modèle nous est montré sous ses deux aspects : dos et devant. Il est à taille et pardessus.

La taille de dessous est textuellement notre patron de douillette, dos figure 4, avec son petit côté, et devant figure 5.

On ajoute, au bas de la taille devant, deux pointes, à partir du bouton qui en fait le milieu. De chaque côté est placée une petite poche dont la hauteur est indiquée par la ligne de la taille.

Le pardessus se fait textuellement sur le patron de la taille, en ajoutant, pour la différence de grandeur, un ou deux centimètres tout autour des coutures. Comme ce vêtement reste ouvert, la place des poches du vêtement de dessous indique ce qu'il faut en soustraire. Posez votre règle de l'encolure au point qui marque l'ouverture que doit avoir le vêtement et tirez une ligne. Au bas du dos se trouvent deux petites basquines : pour les former, vous ajouterez assez d'étoffe à partir de la longueur de la taille; elles sont carrées; le devant a une poche qui se trouve juste en face de la couture du dessous des bras. La manche est plate, formant un coude un peu arrondi et le bas est ouvert jusqu'au coude.

TOILETTE D'INTERIEUR

ROBE DE CHAMBRE A PÈLERINE

(Ce patron est le modèle de notre gravure Planche VII.)

Ce modèle de robe de chambre est exactement le patron de la douillette, dos figure 4 et devant figure 5. Il n'y a pas de pli cousu, ce n'est qu'une pièce avec le jupon. L'étoffe est droit fil depuis le cou jusqu'en bas. Sur le côté des hanches, à partir de la hanche depuis la couture du dessus de bras jusqu'au bas du jupon, on vient en élargissant, pour lui donner de l'ampleur sur les hanches. Il y a une petite pèlerine qui prend au cou, descend jusqu'au milieu de la taille par devant, par derrière en passant sur les épaules.

ROBE PRINCESSE.

(Ce modèle est le patron de notre gravure Planche VIII.)

Le modèle de cette robe à taille plate est le dos de la douillette figure 4 et le devant figure 5.

MANIÈRE DE DIVISER LES PLIS :

Sur la ligne qui marque le tour de la ceinture un pli. De ce pli, on en mesure un autre ; puis de ce dernier on en mesure deux.

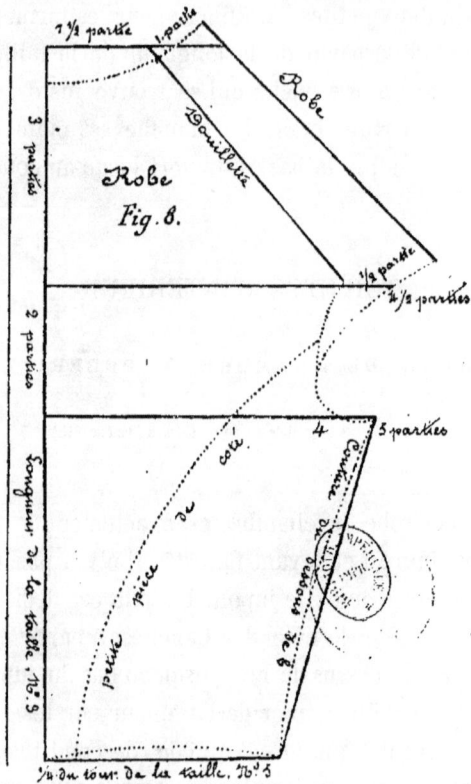

PATRON DE LA ROBE PRINCESSE (DEVANT).

Pour enlever ces trois plis, on procède comme suit : Nous mesurons l'un de ces plis à l'équerre de la ligne : nous en mesurons un second ; puis nous en mesurons deux d'un seul trait. Nous traçons avec le crayon, à la couture du devant en commençant à côté et à la hauteur de la petite ligne, et nous descendons à l'équerre, qui est la ceinture, rejoindre le point où nous avons marqué le pli. Nous reprenons de la petite ligne, et nous traçons avec le crayon une ligne courbe qui vient rejoindre la marque du second pli. Nous reprenons de nouveau à la petite ligne et nous descendons où nous avons marqué les deux plis. Conséquemment, un pli a disparu à la couture du devant; et deux, par le tracé de la ligne courbe. Nous joignons par une couture les deux extrémités faites par les deux plis que nous avons enlevés, et nous avons également fait disparaître les traces du troisième à la couture du devant : ceci fait, les coutures réunies donnent le quart du tour de la taille.

Cette robe a des bandes montantes garnies de boutons d'acier. Elle est à manches plates, coudes arrondis, ouvertes par le bas et garnies jusqu'au coude.

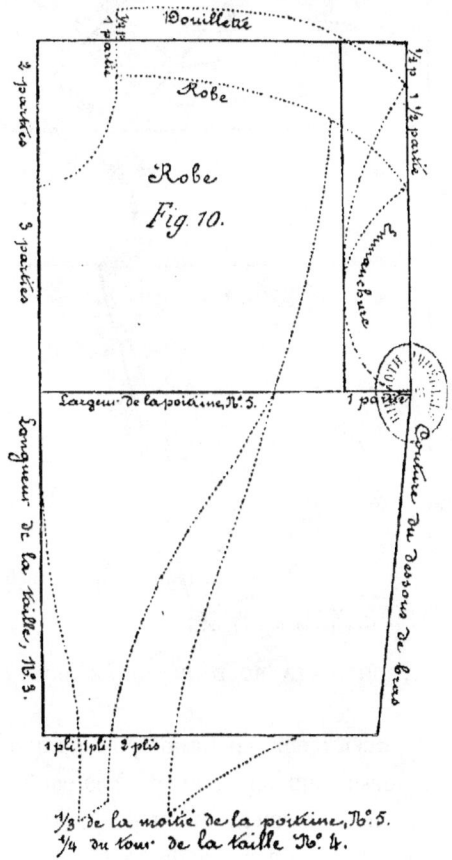

PATRON DE LA ROBE PRINCESSE (DEVANT).

ROBE EN SATIN ROSE POUR SOIRÉE.

(Ce modèle est notre gravure Planche IX.)

Le patron de cette robe est le dos de notre figure 8 et son devant figure 9 dont il faut faire disparaître les plis. Pour cela

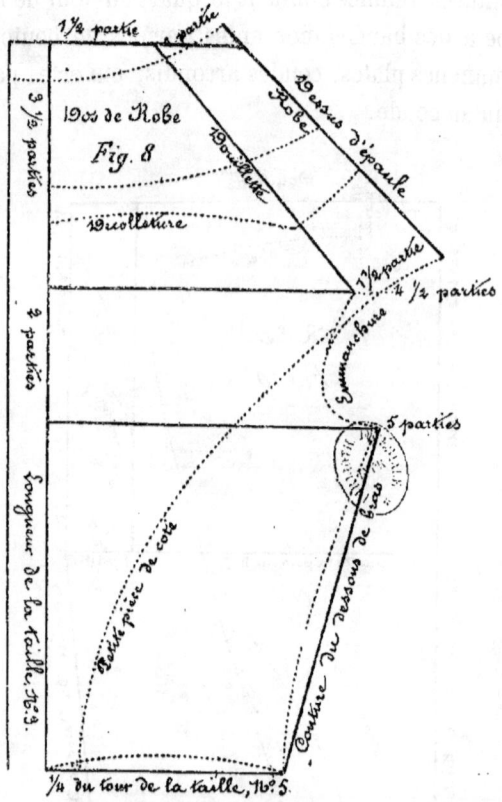

PATRON DE LA ROBE DE SOIRÉE (DOS).

nous procédons ainsi : sur la ligne qui marque le tour de taille devant, on mesure un pli et demi : à la couture du dessous de bras, on en mesure également un et demi. Ces deux mesures prises, il ne reste plus qu'un quart du tour de taille. Le patron de la douillette, on le sait, a une petite ligne qui détermine jusqu'où doivent monter les plis au-dessous de la gorge. A partir donc de cette petite ligne, je commence une ligne de points au crayon, qui arrive en s'élargissant jusqu'à la ligne

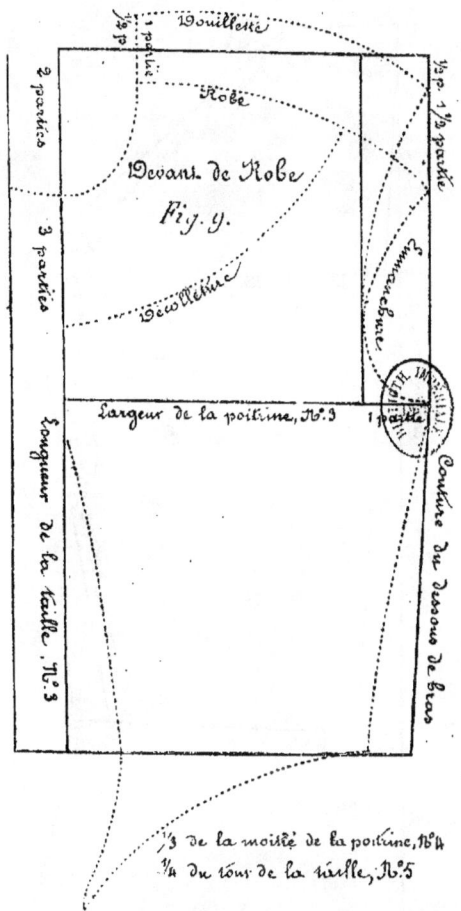

PATRON DE LA ROBE DE SOIRÉE (DEVANT).

du tour de taille où l'on a marqué le pli et demi. Pour le pli et demi que nous avons marqué à la couture du dessous de bras, on procède de la même manière. Ces deux soustractions faites, il ne doit plus rester qu'un quart de tour de la taille.

ROBE POPELINE ET VESTE ESPAGNOLE.

(Ce modèle est notre gravure Planche X.)

Le patron de cette toilette est le dos de notre figure 4 et son devant figure 5.

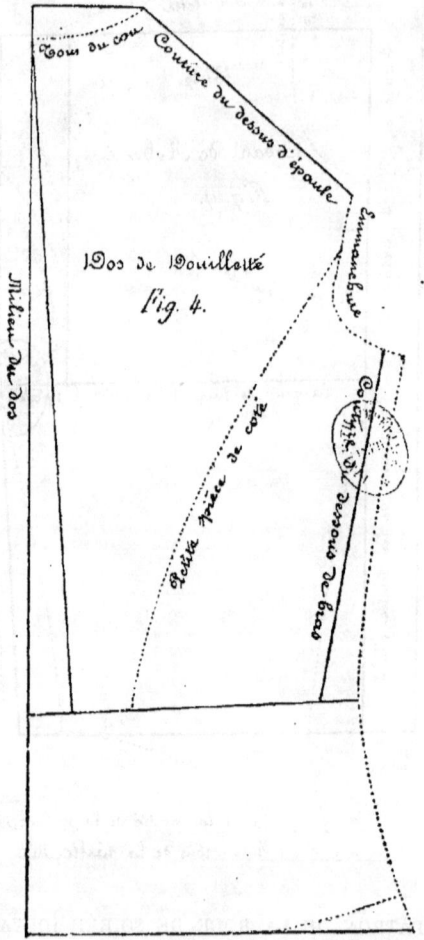

PATRON DE ROBE POPELINE ET VESTE ESPAGNOLE (DOS).

Ce devant a trois plis sous la gorge : la taille est à ceinture. Le patron de la veste espagnole se trace sur le dos de la douillette dos figure 4 et devant figure 5.

On fait l'équerre : on place le dos de la douillette à la ligne montante. Avec la main droite, on pose le crayon sur son encolure qui la retient, et avec la main gauche on prend le patron au bas de la taille, on l'éloigne un peu de la ligne

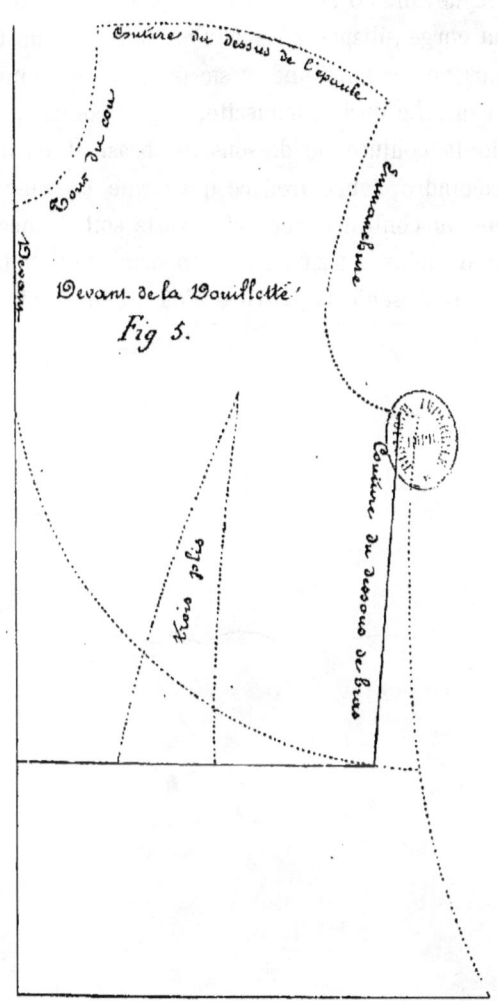

PATRON DE ROBE POPELINE ET VESTE ESPAGNOLE (DEVANT).

droite ; on trace le patron tout autour. Cette empreinte prise, on retire le patron.

POUR LE DEVANT.

Prenez le devant de la douillette figure 5. Des trois plis qui sont sous la gorge, disposez-les à n'en faire qu'un. Ce pli faufilé, si vous voulez faire une veste ouverte de manière à bien laisser voir la robe ou la chemisette, il faut commencer à tracer à partir de la couture du dessous de bras, et en arrondissant on vient rejoindre l'encolure, ce qui forme un rond de feston. Si l'on veut au contraire que cette veste soit fermée, arrondissez beaucoup moins, et suivez à proportion de votre volonté, ce que vous représente la gravure d'où est tiré notre patron.

ROBE ET PARDESSUS EN TAFFETAS NOISETTE.

(Ce modèle est le patron de notre gravure Planche XI.)

Le modèle de cette robe est encore le dos de la douillette, figure 4, et son devant, figure 5, dont il faut faire disparaître les plis ; et, pour cela, nous procédons comme suit : Sur la ligne qui marque le tour de la taille, devant, on mesure un pli et demi ; à la couture du dessous du bras, on en mesure également un pli et demi. Ces deux mesures prises, il ne reste plus qu'un quart de tour de taille. Le patron de la douillette, on le sait, a une petite ligne qui détermine jusqu'où doivent monter les plis de la gorge. A partir donc de cette petite ligne, je commence une ligne de points au crayon, qui arrive en s'élargissant jusqu'à la ligne du tour de taille où l'on a marqué le pli et demi. Pour le pli et demi que nous avons marqué sous la couture, on procède de la même manière.

Cette figure a le pardessus et la robe pareils. Le pardessus est de la même longueur que la robe.

Pour en avoir le patron :

On trace une ligne sur le milieu d'une très-grande feuille de papier. Conservant toujours notre équerre, nous plaçons le patron du dos de la douillette, figure 4, qui a une petite pièce sur le côté, le long de la ligne, comme de coutume. Avec le crayon, de la main droite, nous retenons l'encolure, et, avec la main gauche, nous prenons le patron au bas de la taille, et nous l'écartons un peu. Nous retirons du dos la petite pièce qui est par côté, et nous traçons le reste du dos tout autour. Cette empreinte prise, nous retirons le patron.

A partir de la ligne de la taille, en mesurant sur le jupon de la robe, on détermine la longueur que doit avoir le pardessus.

Droit derrière le dos, à partir de la ligne de la taille, on trace au crayon une ligne qui va en s'élargissant jusqu'au point qui détermine la longueur du jupon. A l'endroit du dos où nous avons soustrait la petite pièce, à partir de la ligne de la taille, nous allons

— 77 —

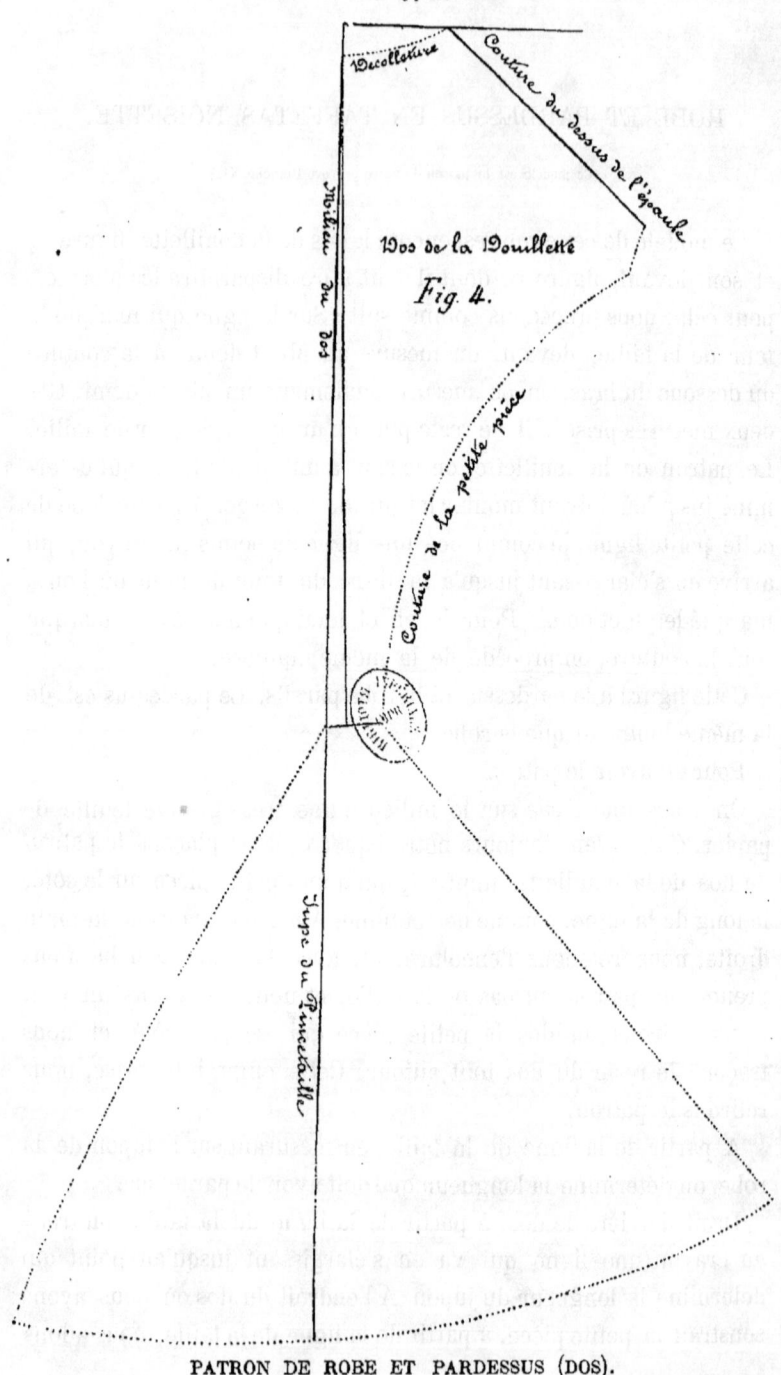

PATRON DE ROBE ET PARDESSUS (DOS).

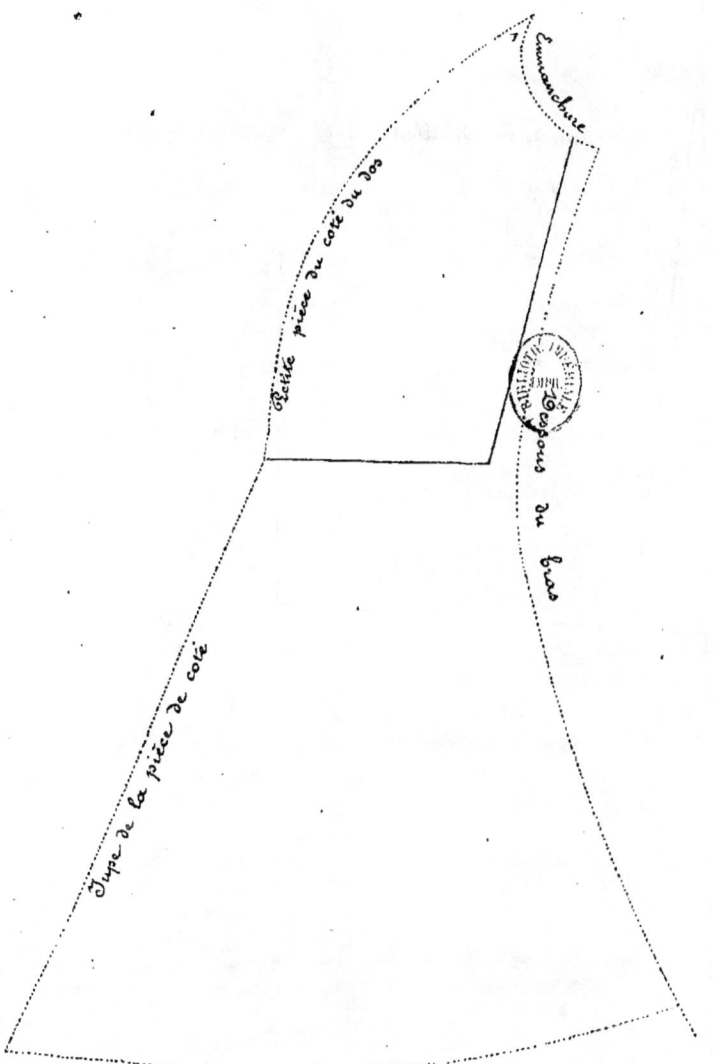

PIÈCE DU DOS.

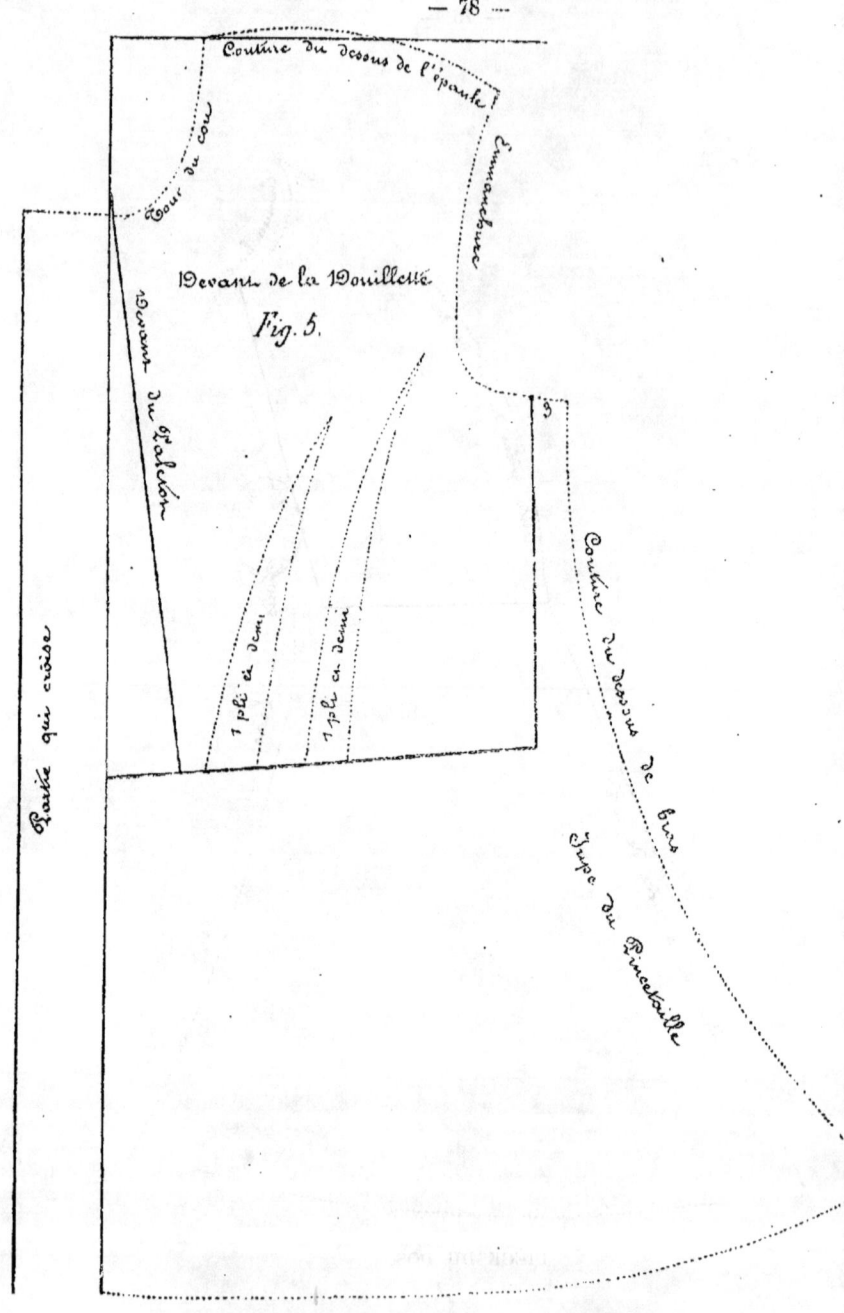

PATRON DE ROBE EN TAFFETAS ET PARDESSUS (DEVANT).

également en élargissant, jusqu'au point qui détermine la longueur du vêtement. Nous formons notre équerre, et nous y posons la petite pièce soustraite au dos; nous la dessinons autour. Cette empreinte prise, nous en retirons le patron. A la couture qui réunit cette petite pièce au dos, à partir de la ligne de la taille, et sous le bras, on va en élargissant jusqu'à la longueur du vêtement, comme on l'a fait à l'autre partie du dos.

Ce pardessus a une petite pèlerine autour du cou, qui couvre une partie de la taille. Sur le côté, se trouve une poche qu'indique la passementerie. Pour le devant, c'est la douillette, en prolongeant jusqu'en bas la ligne du devant. A partir de la couture du dessous de bras, on vient en élargissant également jusqu'en bas, pour donner de l'ampleur au jupon.

ROBE EN LINOS AVEC BASQUES LONGUES.

(Ce modèle est le patron de notre gravure Planche XII.)

Cette robe est toujours le dos de la douillette, figure 4, avec une petite pièce de côté. Droit derrière, se trouvent trois bandelettes qui font plis. Elles sont arrêtées au bas de la taille, derrière, avec des boutons. Le devant est avec trois plis cousus sous la gorge, figure 5. Cette taille a une ceinture.

On dessine avec le crayon, depuis la petite ligne qui indique la hauteur des plis, jusqu'à la ligne de la ceinture, pour le devant et les dessous de bras. Si l'on a une pointe à former, on allongera la ligne suivant l'exigence de la mode.

Cette robe est décolletée ; le devant de la taille est garni par un morceau en biais qui forme trois plis également de biais. Ces trois plis sont arrêtés et resserrés à l'emmanchure de la robe, puis prennent de l'ampleur en arrivant vers la couture du devant de la robe, où ils sont également arrêtés. La robe a une pointe sur le devant.

ROBE CROATE (PLANCHE XIII).

Costume de Croate pour bal travesti.

Le patron de sa robe est notre gravure, planche XIII.

Pour tailler ce patron, prenez le dos de notre robe, fig. 8, et son devant, fig. 9. Cette robe n'a ni ceinture, ni plis cousus ; il faut donc ôter de notre patron un pli et demi à la couture du devant et un pli et demi à la couture du dessous du bras : tracez, en perdant, avec le crayon, de la petite ligne qui indique la hauteur des plis, et descendez en perdant jusqu'où vous avez marqué le pli et demi : ainsi disparaissent les trois plis. La robe n'ayant pas de ceinture, donnez, à partir du dessous de bras, la longueur que vous voudrez à la jupe ; et par le biais que vous mettrez aux coutures, vous établirez son ampleur. Cette taille est très-décolletée et forme un peu le carré, cela s'obtient par quelques traces de crayon ; c'est une affaire de goût. Quant à la guimpe, qui est beaucoup moins décolletée que la robe, elle se coupe sur le même patron : on laisse un peu pour les fronces.

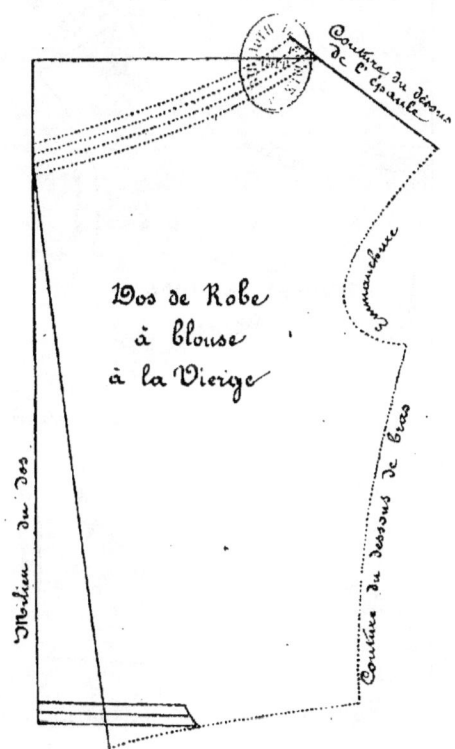

PATRON DU COSTUME DE PAYSANNE (DOS)

COSTUME DE PAYSANNE NAPOLITAINE.

Planche XIV.

Le dos de ce vêtement est notre dos de robe, figure 8, et le devant, figure 9.

À ce modèle, on ajoute de l'ampleur au milieu du devant.

Nous renvoyons nos lecteurs pour l'explication détaillée de ce costume de paysanne napolitaine (robe à blouse à la Vierge) à

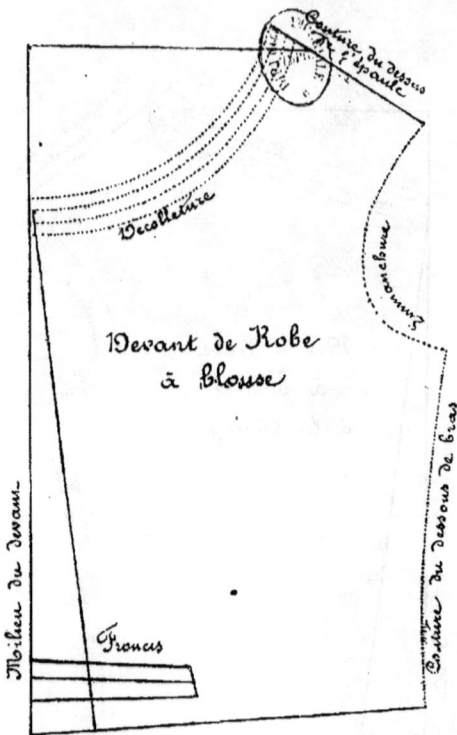

PATRON DE COSTUME DE PAYSANNE NAPOLITAINE (DEVANT).

la description de la robe de foulard à fleur, que l'on trouvera plus loin aux pages 115 et 116.

COSTUME DE PETIT GARÇON (MATELOT.)

(Ce modèle est celui de notre gravure. Planche XIV)

Nous formons l'équerre, nous y plaçons notre dos, figure 4. Avec le crayon, nous en tenons l'encolure fixée de la main droite, et avec la gauche, nous prenons le patron par le bas de la taille, et nous l'éloignons de la ligne. Cette empreinte prise, nous retirons le patron.

POUR LE DEVANT.

Nous prenons le devant de la douillette, figure 5, que nous plaçons sur l'équerre. Avec le crayon, nous en en tenons l'encolure fixée de la main droite, et avec la gauche, nous éloignons le patron de la ligne. Cette empreinte prise, nous retirons le patron.

Ce modèle a des plis à la ceinture. Le quart du tour de taille indiquera la profondeur que doivent avoir les plis du devant. Le col est étroit derrière, vient en élargissant sur les épaules et se termine en pointe sur le devant.

TOILETTE DE BAINS DE MER.

(Ce modèle est le patron de notre gravure. Planche XV.)

Le modèle de cette toilette est une taille avec basquine. C'est le dos de la douillette, figure 4, avec son petit côté. On ajoute au dos la longueur que l'on veut donner à la basquine. A partir du tour de la taille, on ajoute à la petite pièce de côté, et à la partie du dessous du bras pour donner l'ampleur nécessaire à cette basquine. C'est-à-dire qu'on commence à la couture et l'on vient en élargissant dans le bas, où l'on a déterminé la longueur.

DEVANT.

C'est celui de la douillette, figure 5. A partir du tour de la taille, on donne à la basquine, au devant, la même longueur qu'à celle du bas, comme on a fait à la partie du dos. On commence à la ceinture et on vient en élargissant à la longueur marquée. Le devant de ce vêtement est fermé par des boutons. On aura soin d'ajouter la largeur nécessaire pour ce que ce vêtement doit croiser. Les plis du dessous de la gorge ne sont pas cousus. Une ceinture à boucle tient l'ampleur de ce vêtement. Lorsqu'on a réuni les parties du devant à celles du dos, droit devant, on coupe un peu et l'on vient en perdant jusque sur la hanche.

RENSEIGNEMENTS

SUR LA MESURE POUR LES ENFANTS.

Pour les enfants, on prend mesure de la même manière. Jusqu'à sept ans, les enfants ont peu de proportions. Les patrons se font toujours de même, à cette différence près, que les trois plis que l'on coud sous la gorge ne se font pas pour l'enfant. Le tiers de la poitrine ne fournit qu'un pli, et souvent même n'en fournit pas du tout.

Pour toutes les jolies lingeries que l'on voit pour les enfants, toutes les tailles façonnées que fournissent les gravures de mode se font sur le patron que vous aurez préparé avec notre mesure, comme nous vous l'avons indiqué.

ROBE ET PARDESSUS EN PIQUE.

Modèle de notre gravure Planche XXXV.

Ce modèle est le patron de la douillette, dos figure 4 et devant figure 5.

Sur le patron, posez vos entre-deux et toutes les garnitures de fantaisie que vous présente la mode.

La petite veste est également coupée sur les dos et devant de notre douillette.

Les coins sont arrondis par l'étoffe supprimée pour la rendre ouverte.

La manche est plate et à coude, patron ordinaire.

COSTUME ESPAGNOL.

Planche XVI.

Cette robe, fermée devant, a un gilet dessous. Ce gilet se fait avec la douillette, dos figure 4, et devant figure 5. Il est fermé avec des boutons. Un peu plus bas que le tour de la ceinture, se trouvent deux petites poches. La robe est encore le dos de la douillette, figure 4, et le devant, figure 5.

Pour les plis, on procède comme suit :

Nous mesurons un pli à l'équerre de la ligne, puis un second ; à la suite du second, nous en mesurons deux d'un seul trait. Nous traçons avec le crayon à la couture du devant en commençant à côté et à la hauteur de la petite ligne, et nous descendons à l'équerre, qui est la ceinture, rejoindre la marque du second pli. Nous reprenons de nouveau à la petite ligne et nous descendons où nous avons marqué les deux plis. Un pli a donc disparu à la couture du devant, et deux par le tracé de la ligne courbe. Nous joignons par une couture les deux extrémités faites par les plis que nous avons enlevés et nous avons également fait disparaître les traces à la troisième couture du devant. Ceci fait : les coutures réunies donnent le quart du tour de la taille. On supprime suivant qu'il convient ce qui est nécessaire pour l'ouverture du devant ; ceci est une affaire de goût. La robe se fait plus ou moins. Cette ouverture est déterminée par la garniture que l'on met au-dessous.

ROBE A BLOUSE.

Patron d'une robe à blouse, dos et devant. C'est le dos et le devant de notre patron douillette qui nous sert de modèle.

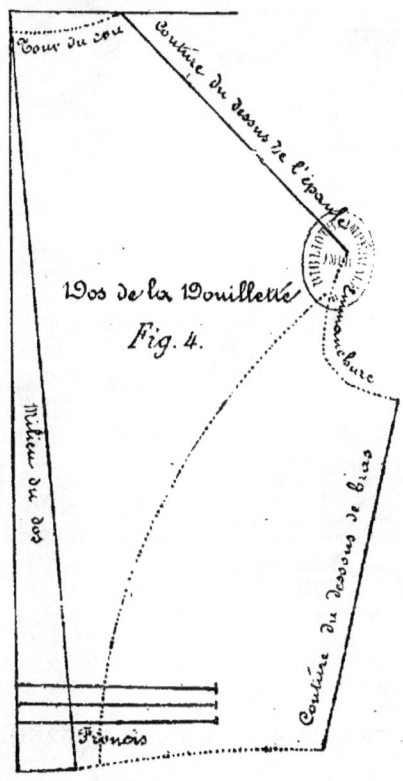

PATRON DE ROBE A BLOUSE (DOS).

Nous établissons notre équerre ordinaire, nous plaçons le dos tout le long de sa ligne. Avec la main droite, nous appuyons le crayon à l'encolure du dos; avec la gauche, on prend le bas du patron qu'on éloigne de la ligne représentant le développement d'un pli d'éventail : prolongez sur le pli de l'éventail la ligne qui

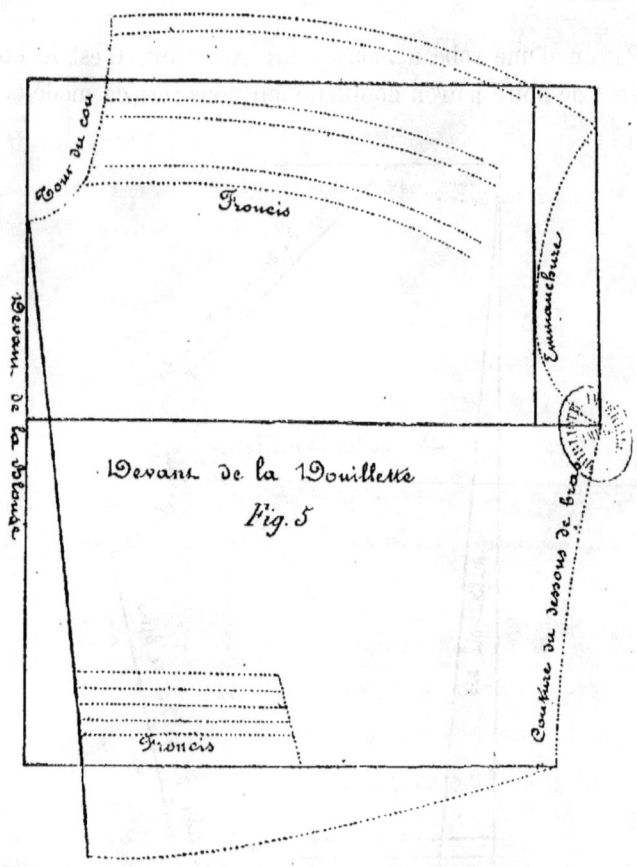

PATRON DE ROBE A BLOUSE (DEVANT).

indique la longueur du patron; le pli d'éventail fera vos froncis. Cette robe est à manches un peu bouffantes et lisses autour de l'emmanchure; ampleur aux poignets. Pour la partie du devant, préparez l'ampleur comme pour le dos, en éloignant le patron de la ligne.

PATRON DE LA POLONAISE. PLANCHE XVII.

Nous formons notre équerre; nous plaçons le dos tout le long de

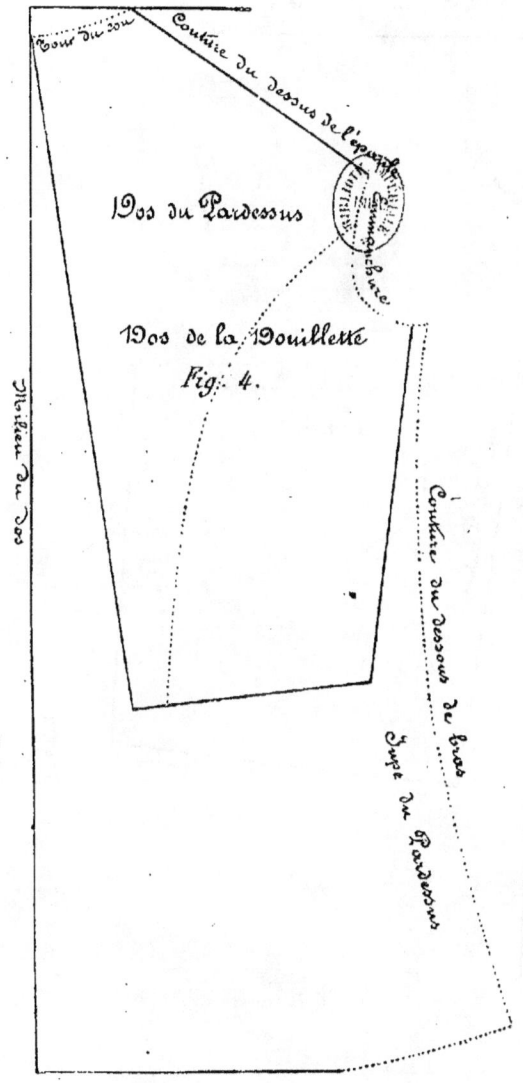

PATRON DE LA POLONAISE (DOS).

la ligne; nous appuyons notre crayon, avec la main droite, sur l'encolure du patron pour le retenir à l'équerre ; avec la main gauche, nous prenons le bas du dos du patron et nous l'éloignons

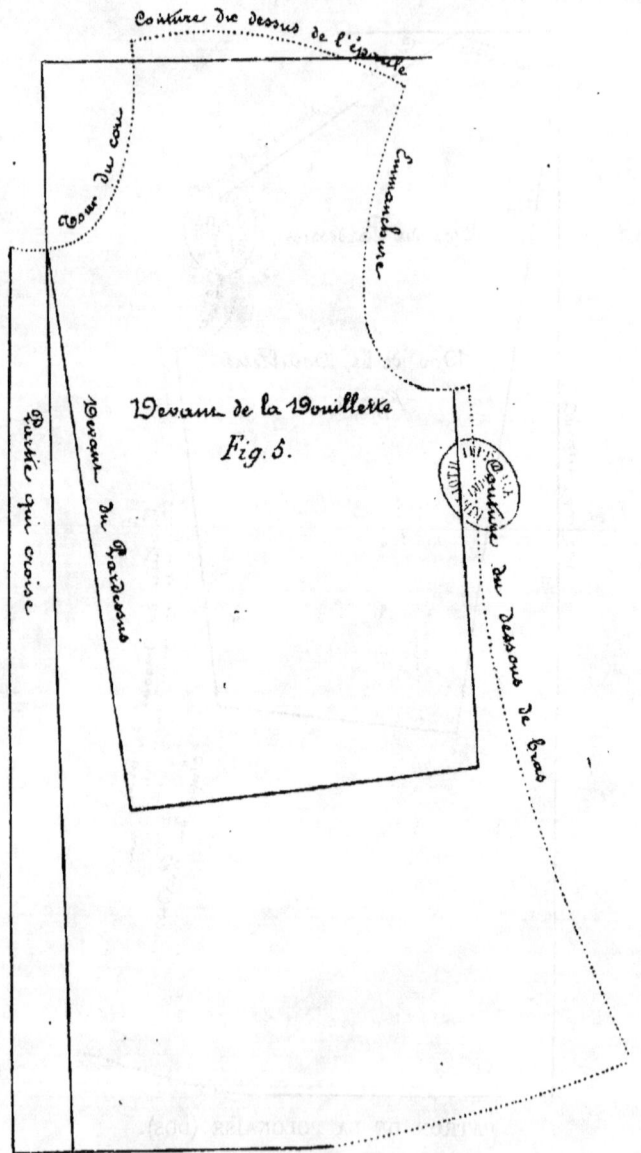

PATRON DE LA POLONAISE (DEVANT).

de la ligne droite pour lui donner l'ampleur voulue au bas du dos. Nous ajoutons à la couture du dessous de bras dans les proportions de l'ajouture du dos. Ce modèle se fait plus ou moins long, suivant la mode. Généralement les coutures qui ont beaucoup de biais forment une pointe ; on la fait disparaître en traçant avec le crayon une ligne courbe de petits points à partir du milieu du dos jusqu'à la couture du dessous de bras, comme l'indique la gravure.

DEVANT DE LA POLONAISE.

Notre équerre formé, nous plaçons le devant de notre patron de douillette figure 5 à la ligne montante. Nous plaçons le patron à la ligne montante ; nous dessinons le tour du cou. Avec la main droite, nous retenons, au moyen du crayon, le patron à l'encolure du côté de l'épaule ; avec la gauche, au bas de la taille, nous l'éloignons un peu de la ligne. On dessine le patron tout autour ; cette empreinte prise, on mesure droit devant, à partir de la couture jusqu'où l'on veut que le pardessus descende. A la couture du dessous de bras, à partir du dessus de la hanche, on mesure, en descendant, la longueur que l'on veut lui donner. On commence, à la couture du dessous de bras, à dessiner, et on vient jusqu'au bas où est fixée la longueur. Comme cette couture a du biais, on aura soin d'arrondir dans le bas en perdant.

MANIÈRE DE TAILLER CETTE POLONAISE PATINEUSE.

Si la gravure de mode représente le milieu du dos en droit fil, il suffit de plier son étoffe en deux. Ainsi coupé, ce vêtement a l'inconvénient de jeter de l'ampleur du côté des bras. A la promenade, en regardant les vêtements, vous vous rendrez parfaitement compte de mon observation. Les gravures de mode vous en représentent avec un demi-biais. Ce genre est préférable : l'ampleur, alors, tombe gracieusement.

Si c'est une étoffe à dessins ou à carreaux, afin qu'ils se rapportent bien, on aura soin de mettre les deux droits fils ensemble, et de s'assurer si les carreaux ou dessins sont bien en face l'un de l'autre. En piquant l'étoffe avec une épingle on s'en rendra parfaitement compte.

Ce n'est qu'après s'être assuré de cela qu'on place le patron et lui donne le biais que l'on veut. Le mieux c'est un demi-biais.

POUR COUPER LE DEVANT.

Le devant de la polonaise se coupe droit fil. Quelquefois ce vêtement croise ; quelquefois il est juste comme celui de la gravure ; celui-là est juste, parce qu'il a une garniture tout autour.

Pour le joindre, on pose une petite patte de deux ou trois doigts ; et on l'arrête au cou et à la ceinture ; et c'est sur cette patte qu'on pose les boutons ou agrafes destinées à fermer le vêtement.

Quand le vêtement doit croiser, on ajoute au droit fil du devant la largeur de la main : alors les deux parties se ferment l'une sur l'autre par des boutons ou de la passementerie.

Dans les deux cas, on met donc son étoffe double pour la couper. Si l'étoffe est à dessins ou à carreaux on procédera comme nous l'avons dit ci au-dessus pour le dos.

Lorsque ce vêtement a un petit col, vous en trouverez les modèles à la fin de l'ouvrage. Nous vous avons donné le modèle de la manche.

MANIÈRE DE LE COUDRE

Si le dos a une couture, on commence par la faufiler. On réunit la couture du dessous de bras en commençant à l'emmanchure. c'est autour du cou qu'on égalisera.

La couture du dessous de bras se commence également à l'emmanchure. C'est au bas qu'on égalisera.

Vous êtes sans doute curieuse de savoir si ce vêtement s'adapte parfaitement à votre jolie taille ? Essayez-le : cela vous distraira, et vous montrera une fois de plus combien Dieu a enrichi sa créature en lui fournissant, en tous lieux et à tout âge, le moyen de couvrir sa taille d'une manière gracieuse et élégante.

DEUXIEME MODELE

LA POLONAISE PATINEUSE

Pour les personnes qui voudraient ce vêtement pinçant la taille.

On trace une ligne sur une très-grande feuille de papier qui forme notre équerre. Nous prenons le dos de la douillette qui est notre figure n° 4. Nous retirons la petite pièce qui est par côté.
Nous plaçons ce patron le long de la ligne comme de coutume

avec le crayon, de la main droite, nous retenons l'encolure, et avec la main gauche nous prenons le patron au bas de la taille et nous l'écartons un peu.

Cette empreinte prise, nous retirons le patron du dos.

A partir de la ligne de la taille en mesurant sur le jupon de la robe on détermine la longueur que doit avoir le pardessus.

Droit derrière le dos, à partir de la ligne de la taille, on trace au crayon une ligne qui va en s'élargissant jusqu'au point qui détermine la longueur du jupon.

A l'endroit du dos où nous avons soustrait la petite pièce, à partir de la ligne de la taille, nous allons également en élargissant jusqu'au point qui détermine la longueur du vêtement.

Nous formons notre équerre et nous y posons la petite pièce soustraite au dos; nous la dessinons autour. Cette empreinte prise, nous en retirons le patron. A la couture qui réunit cette petite pièce au dos; à partir de la ligne de la taille et sous le bras, on va en élargissant jusqu'à la longueur du vêtement comme on l'a fait à l'autre partie du dos.

Pour savoir combien ce vêtement doit avoir d'ampleur dans le bas, prenez une bande de papier, mesurez la rondeur que produit la circonférence de vos jupons à l'endroit où vous avez pris la longueur, et ajoutez à cette mesure les ondulations qu'exige la mode.

PASSONS AU DEVANT.

Prenez une grande feuille de papier sur laquelle vous faites l'équerre habituel. Placez le patron de la douillette figure 5 à la ligne droite de l'équerre; appuyez sur son encolure avec votre crayon, tenu de la main droite, et avec la gauche, prenez le patron au bas de la taille, éloignez-le en proportion de la mesure de votre circonférence de jupon. Ajoutez à la couture du bras la même proportion qu'au devant. Ce modèle a trois plis sous la gorge comme le patron de la douillette figure 5. Vous diviserez vos trois plis dans les mêmes proportions que le devant de la douillette figure 5.

MANIERE DE TAILLER LE PARDESSUS.

Ce pardessus peut se faire avec ou sans petit côté.
Si on le fait avec un petit côté il pincera la taille.
Si on le fait sans petit côté, ce sera un pardessus-sac.
Pour faire ce pardessus-sac :
On plie son étoffe : on épingle son patron sur l'étoffe qui est pliée en double : on taille, ayant soin de laisser pour les coutures.
Pour le petit côté : on plie son étoffe les deux droits fils ensemble ; on épingle le patron ; on coupe tout autour laissant également pour les coutures.

REMARQUE.

En épinglant votre petit côté sur votre étoffe droit fil ; le contour de ce petit côté aura naturellement du biais, malgré le droit fil de son milieu.

POUR TAILLER LE DEVANT.

L'étoffe se prend droit fil : doublez-la, épinglez votre patron ; coupez tout autour, laissant, droit devant, ce que vous voulez qui croise, comme aussi pour les coutures.

MANIÈRE DE LE COUDRE.

On commence par le dos, auquel on faufile la petite pièce de côté. Pour la partie du devant, si vous faites des plis sous la gorge, faufilez-les. On réunit sous le bras la partie de la couture du dos avec celle du devant. On commence à coudre à l'emmanchure. On égalisera autour du cou.

La broderie, la fourrure, les dentelles et la passementerie en feront les ornements suivant la volonté et le goût.

Les enjolivures d'un vêtement ajoutent beaucoup à sa grâce.

TOILETTE D'INTÉRIEUR. — ROBE EN VELOURS ANGLAIS.

(Ce modèle est le patron de notre gravure Planche XVIII.)

Le patron de la robe est le dos de la douillette figure 4. Le dos n'a pas de pièce de côté, et il a une couture au milieu. L'étoffe a un demi-biais. Le devant est notre figure de douillette figure 5, avec trois plis cousus sur la gorge, exactement comme notre modèle. La taille n'a pas de pointe. Manches plates.

ROBE EN LINOS AVEC JUPON PAREIL.

(Ce modèle est le patron de notre gravure Planche XIX.)

Ce modèle est textuellement le précédent, avec cette seule différence que le jupon de cette basque est plus long par derrière. Les pointes de devant sont arrondies et laissent une ouverture.

Les trois plis sont cousus sous la gorge. La garniture en fait un délicieux vêtement.

ROBE ET PARDESSUS EN PIQUÉ FOND BLANC.

(Ce modèle est le patron de notre gravure. Planches XX et XX *bis*)

Nous préparons ce modèle en formant l'équerre. Nous prenons

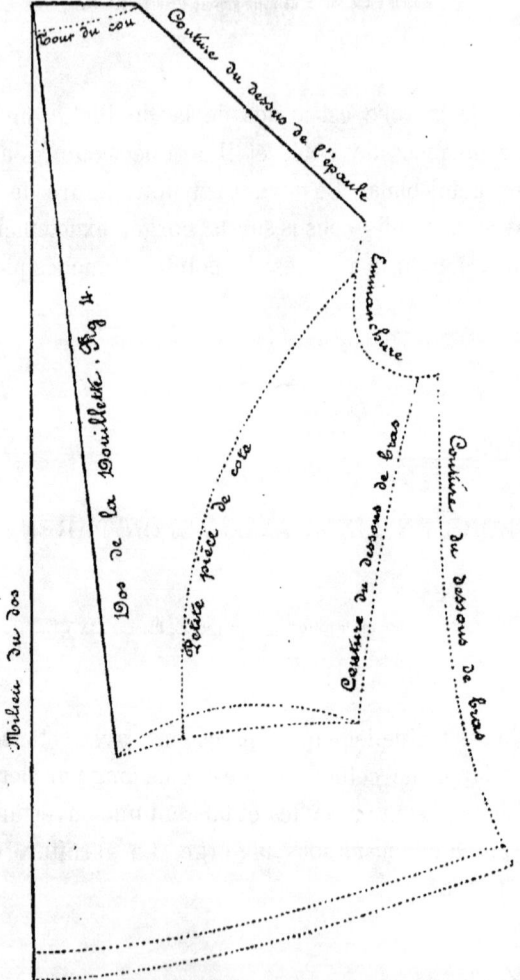

PATRON DE LA ROBE EN PIQUÉ (DOS).

le dos de la douillette, figure 4, que nous posons le long de la ligne montante où nous plaçons le patron assujetti par le crayon avec la main droite; de la gauche, nous prenons le patron au bas de la taille. Nous l'éloignons un peu de la ligne à proportion de l'ampleur que nous voulons donner. Nous traçons tout autour le

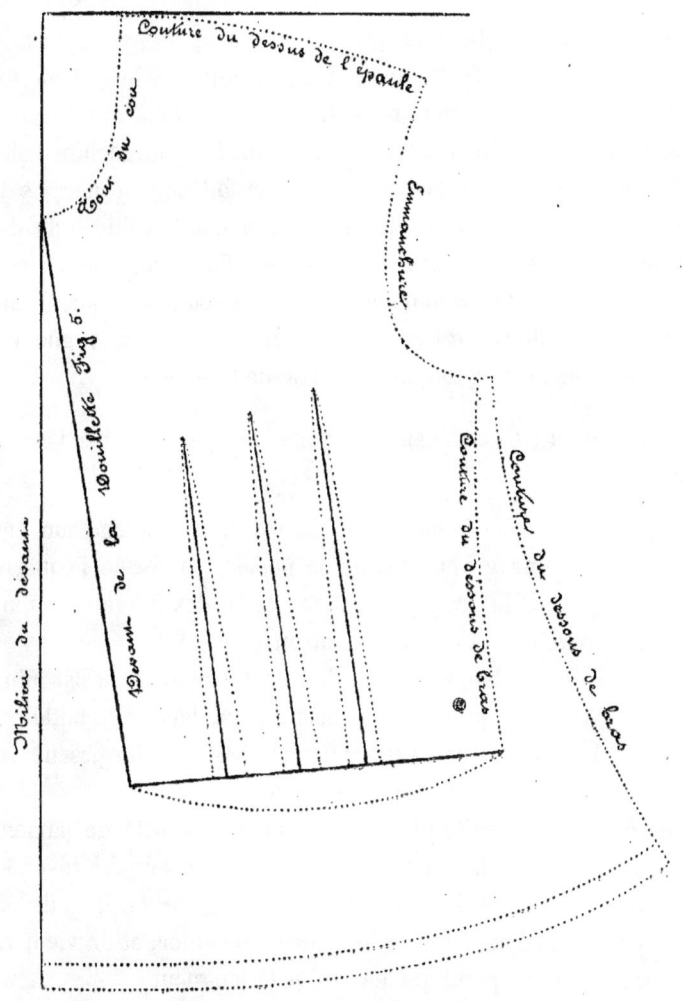

PATRON DE LA ROBE EN PIQUÉ (DOS).

patron. Cette empreinte prise, on le retire. A partir de l'emmanchure du dessous de bras, on trace en élargissant pour donner de l'ampleur sur les hanches, et le dos ne pince pas la taille.

PARTIE DE DEVANT.

Notre équerre formé, nous posons le devant de la douillette, figure 5. Avec la main droite, nous l'assujettissons sous le crayon, et avec la main gauche, nous prenons le patron au bas de la taille et nous l'éloignons de la ligne. Nous dessinons le patron tout autour. L'empreinte prise, nous le retirons. Nous ajoutons à la couture du dessous de bras, en commençant à l'emmanchure, élargissant jusqu'au bas comme nous l'avons fait pour le dos. Le devant de ce modèle reste droit. Pour éviter que la couture du dessous de bras fasse la pointe, on aura soin d'arrondir comme nous l'avons déjà indiqué. La manche est plate, à coude arrondi, fermée au bas. Le tour du cou est garni avec un petit col. La longueur de ce vêtement se mesure toujours à partir de la hanche.

POUR FAIRE LE MODÈLE PRÉCÉDENT PINÇANT LA TAILLE PAR DERRIÈRE.

On prend le dos de la douillette, figure 4. On détache son petit côté. On prend une grande feuille de papier, on forme l'équerre, on pose le patron le long de la ligne et on dessine tout autour. Cette empreinte prise, on retire le patron.

On détermine la longueur que l'on veut donner à la basquine. Cette longueur étant prise : droit derrière, au bas de la taille, on commence à dessiner, et on vient dans le bas, en élargissant, rejoindre le point qui détermine la longueur.

Pour dessiner la petite pièce, on prend une feuille de papier : comme pour le dos, on prend l'empreinte ; cette empreinte prise, on retire le patron. A la ligne qui marque le bas de la taille de chaque côté de la couture, on commence à dessiner, et on vient en élargissant jusqu'au point qui détermine la longueur.

RÉCAPITULATION DU DOS.

Droit derrière on a donné du biais à la couture du milieu du dos de la basquine, de même de chaque côté de la couture de la petite pièce et à la couture du dessous de bras.

LA BALANCEUSE.

(Ce modèle est le patron de notre gravure. Planche XXI).

Cette robe est encore à taille plate sans garniture aucune sur la taille. Le patron de la douillette, dos figure 4 et devant figure 5, est son modèle absolu. Trois plis cousus sous la gorge ; la manche est plate à coude arrondi, ouverte et un peu échancrée dans le bas. La jupe a des poches garnies comme le bas et les manches:

Nous voyons sur la même planche :

Deuxième figure, robe de jeune fille.

Cette robe est à blouse devant et derrière avec un empiècement.

Prenez le patron de la douillette. A partir du cou, mesurez trois parties. Tirez une ligne droite et en coupant à cette ligne vous avez l'empiècement du dos.

Pour le devant :

Mesurez une partie et demie en hauteur, à partir de la naissance où la robe a été décolletée. Posez votre règle, tirez une ligne jusqu'à l'emmanchure, vous aurez l'empiècement du devant. Prenez le bas du patron que vous avez coupé. L'emmanchure et la couture du dessous de bras restent les mêmes. C'est au milieu du dos qu'on ajoute un tiers ou une moitié de plus que le patron afin de pouvoir trouver des plis ou des froncis. Faites de même pour le devant. Si l'étoffe est épaisse, il ne faut ajouter qu'un tiers de plus que le patron. Si au contraire elle est claire, on met le double du patron. Si la pièce du haut se fait avec entre-deux, vous les placez sur le patron qui a été préparé, et de chaque côté du dessus de la gorge, on fait un pli pour dessiner les épaules.

PARDESSUS.

Ce pardessus redingote est montré sous ses deux aspects. Pour le préparer, mesurez la longueur que doit avoir ce vêtement

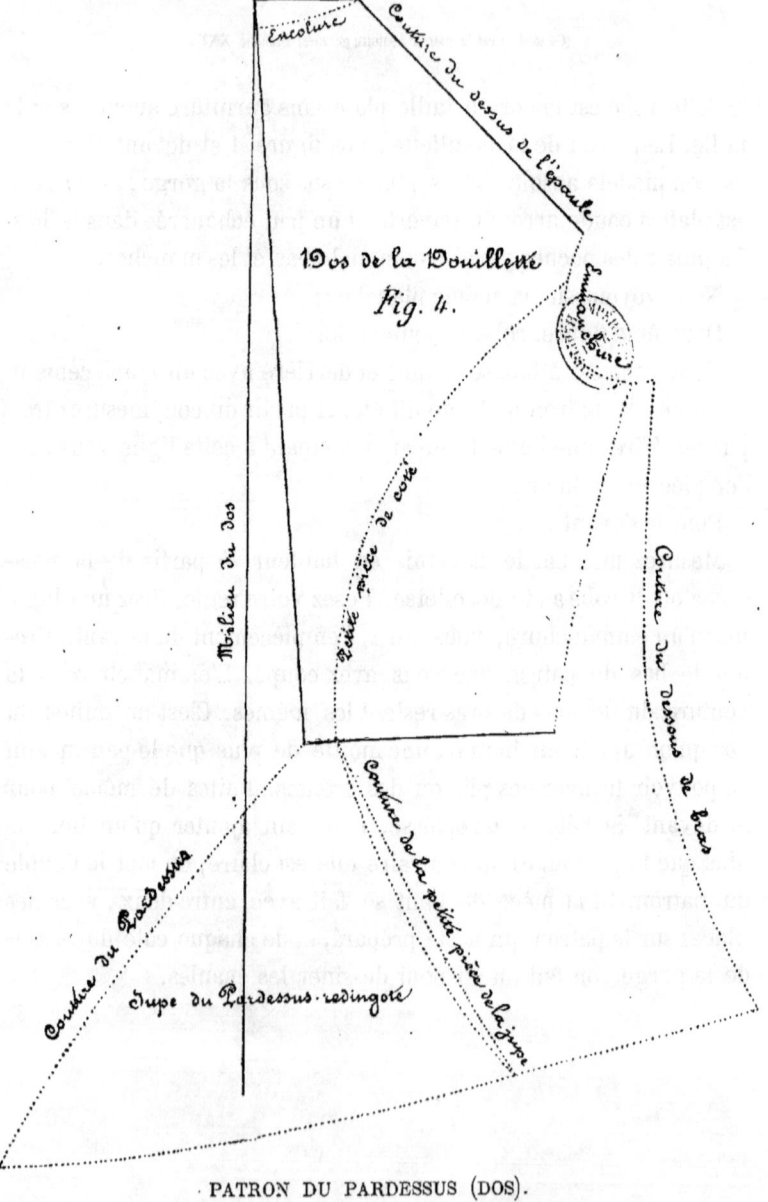

PATRON DU PARDESSUS (DOS).

comme suit : première mesure, de la naissance du cou, en passant sur le ventre, à la longueur que vous désirez ; deuxième mesure, de la hanche, juste au même point d'arrêt que la première ; et la troi-

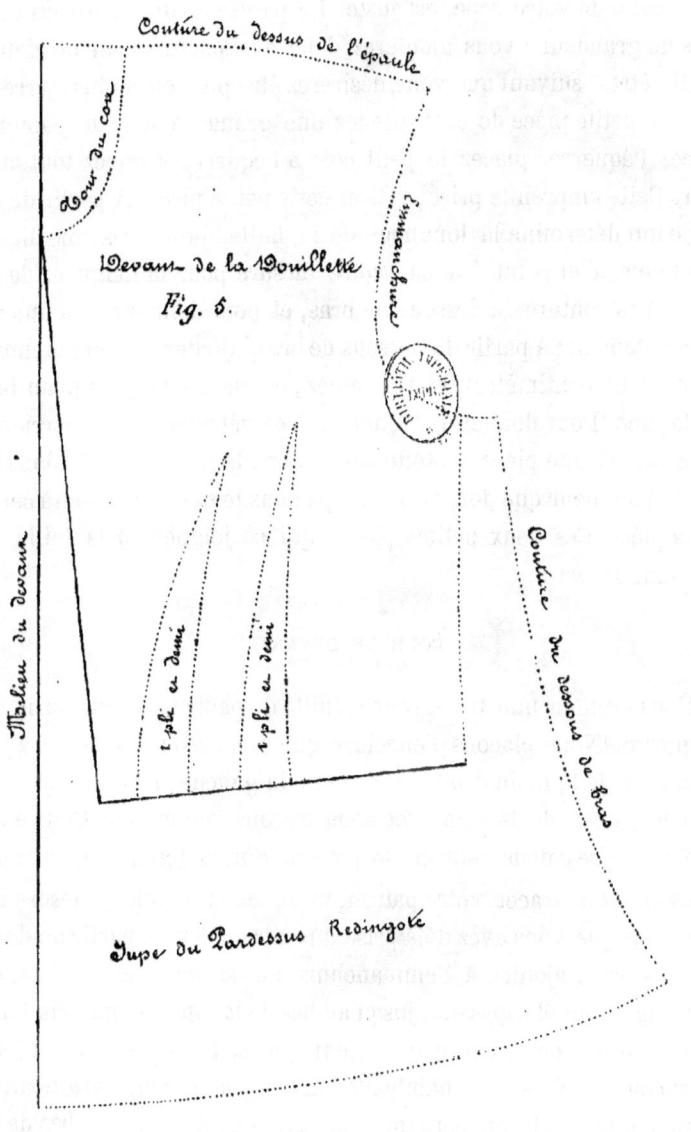

PATRON DU PARDESSUS (DEVANT).

sième, du creux de la taille par derrière, en venant aboutir au point des deux autres. Tracez votre équerre, placez-y le patron de votre douillette, figure 4; retirez la petite pièce qui est par côté; dessinez-le tout autour. Cette empreinte prise, retirez le patron. Ce patron étant celui de votre robe, est juste. Le pardessus doit avoir un peu plus de grandeur : vous ajouterez donc aux coutures un ou deux centimètres, suivant que vous désirerez être plus ou moins serrée. Pour la petite pièce de côté, prenez une grande feuille de papier; tracez l'équerre, placez le petit côté à l'équerre et tracez tout autour. Cette empreinte prise, retirez cette petite pièce. A partir de la ligne qui détermine la longueur de la taille, prolongez une ligne droite jusqu'au point fixé par votre mesure pour la longueur de la jupe. A la couture du dessous de bras, et pour donner de l'ampleur à ce vêtement; à partir du dessous de bras, ajoutez à l'emmanchure un ou deux centimètres, et prolongez, en élargissant, jusqu'au bas de la jupe. Pour donner de l'ampleur à ce vêtement, droit derrière, vous prenez une pièce d'étoffe large dans le bas et étroite dans le haut : l'ampleur que doit avoir la jupe dans le bas déterminera celle de la pièce. Ces deux petites pièces qui se joignent à la taille se croisent un peu.

POUR LE DEVANT.

Nous prenons une très-grande feuille de papier, et nous formons l'équerre. Nous plaçons l'encolure que nous retenons dessus avec le crayon de la main droite; avec la main gauche, nous retirons un peu le patron de la ligne, et nous traçons tout autour. Cette empreinte prise, nous retirons le patron. Sur la ligne d'équerre où vous venez de tracer votre patron, marquez la première mesure de longueur que vous avez déjà prise à partir du cou. A partir du dessous de bras, ajoutez à l'emmanchure un ou deux centimètres, et prolongez, en élargissant, jusqu'au bas de la jupe, ayant soin toujours que les deux longueurs soient égales. Les coutures qui ont beaucoup de biais, font habituellement la pointe. On devra abattre cette petite pointe en perdant pour arrondir. A partir du bas de la taille, on pose une petite patte en pointe qui commence à la ligne de la taille où l'on pose les boutons. Ceci étant un ornement, varie selon le goût des personnes. La manche est plate et un peu large. Ce vêtement, quoique compliqué, doit aller parfaitement si nos prescriptions ont été régulièrement suivies.

MODES D'ENFANTS.

(Ce modèle est le patron de notre gravure. Planche XXII.)

La petite veste qui est sur cette robe se fait avec le patron de la douillette, figure 4 et devant 5.

Pour former l'ouverture du devant, on soustrait, en arrondissant, plus ou moins d'étoffe, suivant que l'on veut que cette ouverture soit plus ou moins grande.

La manche est à coude arrondi, et le bas est fermé par un petit poignet en pointe avec un bouton par dessus.

Les vestes des deux petites filles se font de la même manière, c'est-à-dire sur le même patron de la douillette.

On arrondit dans le bas pour donner plus ou moins d'ouverture.

TOILETTE POUR DAME ET ENFANT.

(Ce modèle est le patron de notre gravure. Planche XXIII.)

Ce patron est la répétition exacte de celui-ci au-dessus.

La taille et la basquine sont les mêmes, il ne diffère que par la forme du feston et par la garniture.

ROBE DE MARIÉE.

(Ce modèle est le patron de notre gravure. Planche XXIV.)

Pour avoir le patron de ce dessin : former l'équerre, prendre le patron du dos de la douillette, figure 4, avec son petit côté ; retirer le petit côté ; dessiner tout autour. L'empreinte prise, retirer le

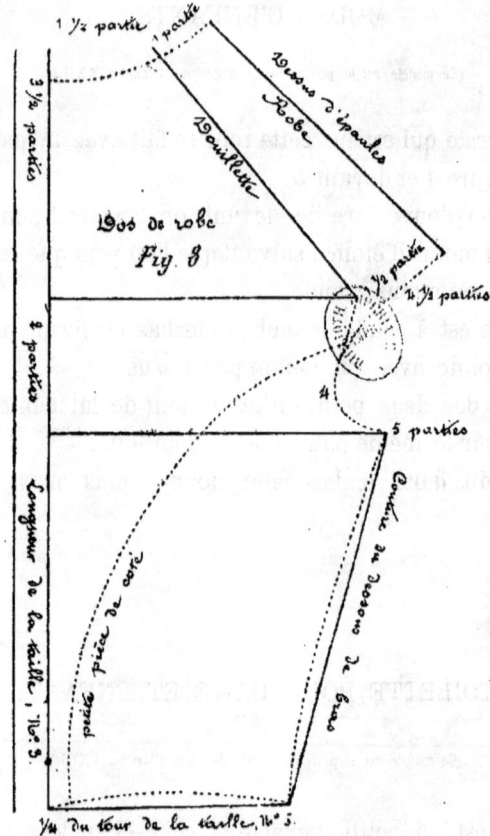

PATRON DE LA ROBE DE MARIÉE (DOS)

patron. Pour donner de l'ampleur à la basquine qui fait le feston tout autour de la taille : à partir de la ligne du tour de taille, on prolonge la couture du milieu du dos en élargissant par une ligne

— 107 —

un peu de biais. On procède de la même manière pour la petite pièce du côté, et la couture du dessous de bras; c'est-à-dire que, pour ces trois coutures, ce n'est qu'à partir de la ceinture que l'on ressort pour donner l'ampleur qu'exige cette basquine.

DU DEVANT.

Le devant est celui de la douillette. On prolonge la couture du

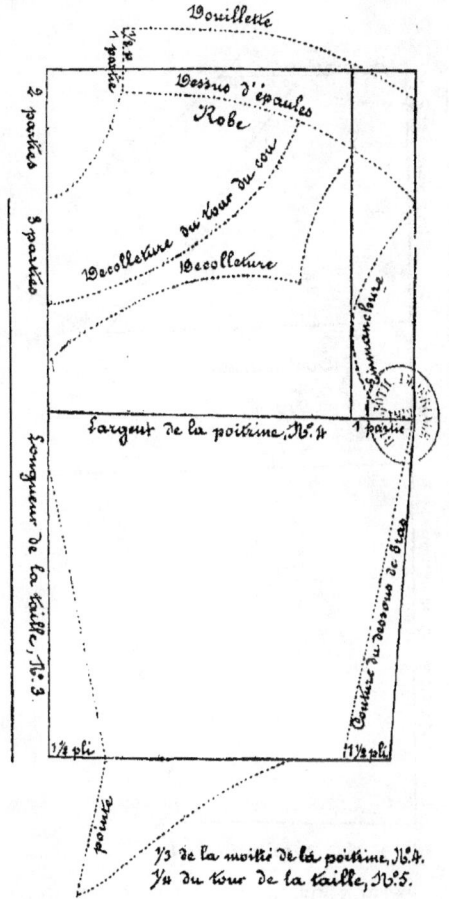

PATRON DE LA ROBE DE MARIÉE (DEVANT)

dessous de bras et en lui donnant un peu de biais. Tout autour, on marque le feston en pointe. Celui-ci étant un ornement, on pourra lui donner la forme que l'on voudra.

ROBE EN MOIRE A RAIES SATINEES.

(Ce modèle est notre gravure. Planche XXV.)

Pour faire le patron de cette robe, prenez notre patron de robe, dos, figure n° 8 et devant figure n° 9. Dos plat avec une petite

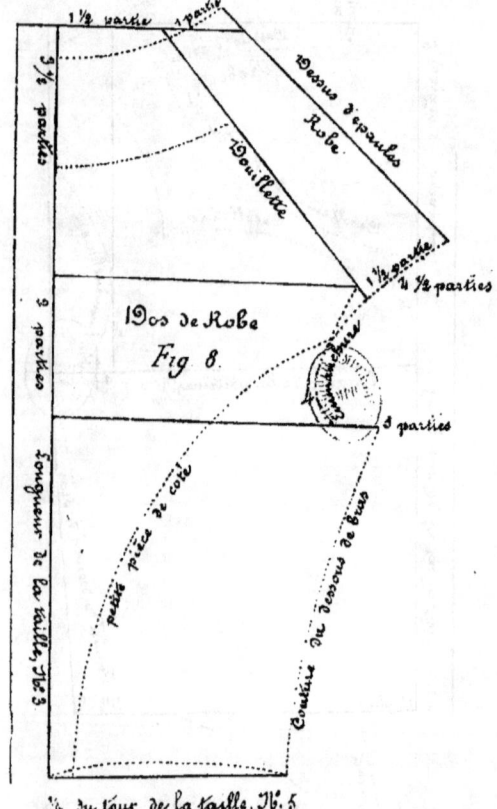

PATRON DE LA ROBE EN MOIRE (DOS).

pièce par côté qui prend à la naissance du bras, et finit derrière, au bas de la taille. Le devant n'a pas de pli cousu. Modifiez ainsi :

Otez un pli et demi à la couture du devant, un pli et demi à la couture du dessous de bras, en traçant où la petite ligne indique la hauteur des plis. On vient en élargissant rejoindre la ligne de

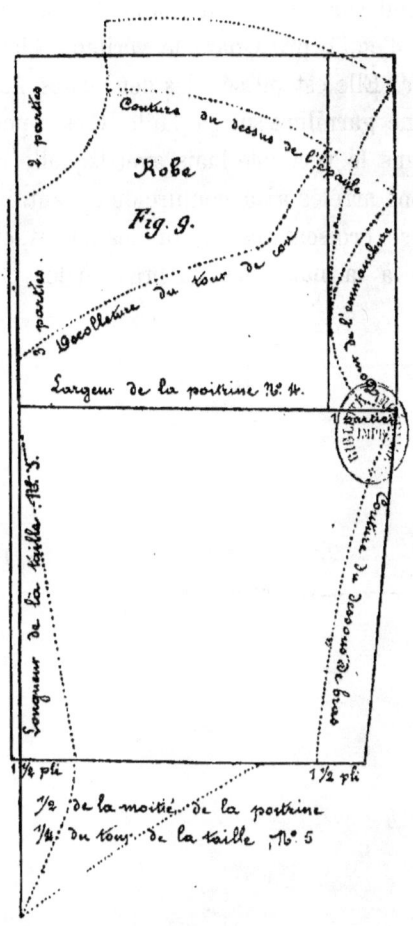

PATRON DE LA ROBE EN MOIRE (DEVANT).

la taille où l'on a marqué un pli et demi : On commence à la couture du dessous du bras et l'on vient de même en élargissant la ligne de la taille où l'on a marqué un pli et demi. Un pli et demi ôté à la couture du devant, un et demi à la couture du dessous de bras, il reste un quart de tour de taille. La pointe de la robe se trace en prolongeant la ligne du milieu du devant. On lui donne la longueur que l'on veut, et l'on retourne en arrondissant rejoindre la couture du dessous du bras. Cette robe a une petite manche courte qui descend sur le gras du bras. La garniture est faite avec une bande d'étoffe prise dans le véritable biais, c'est-à-dire dans le mouchoir. Elle est plissée des deux côtés. Les plis se contrarient. Il y a une garniture sur la taille. C'est encore une pièce d'étoffe prise dans le véritable biais avec laquelle on forme trois gros plis qui sont arrêtés à la couture du devant. Ils viennent en rétrécissant. Ils se croisent les uns sur les autres, et sont arrêtés à l'emmanchure à la naissance du bras où les chairs se plissent.

ROBE A LA VIERGE

Cette robe, dont la forme est excessivement gracieuse et que je nommerai robe à la vierge, est le patron du dos de notre robe

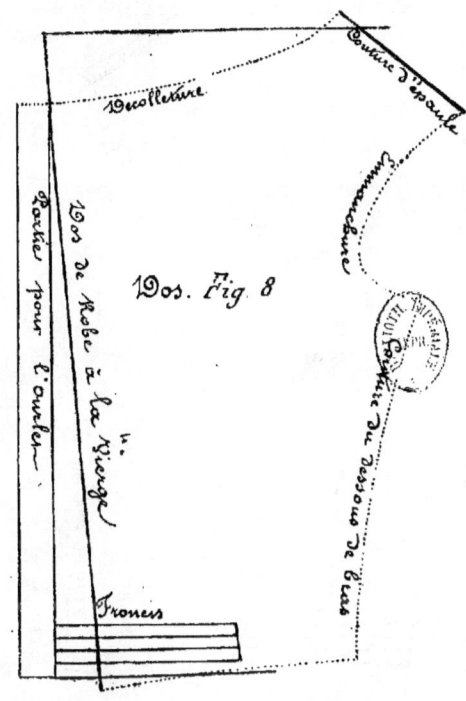

PATRON DE LA ROBE A LA VIERGE (DOS).

figure 8, et le devant figure 9. Cette taille est tout à fait décolletée, et en rond. L'étoffe qui sert à former les trois plis que l'on coud au dessus de la gorge a été employée à faire des fronces, qui sont rapprochés sur le devant et vont finir en éventail sur la gorge.

La grâce de cette robe est sa décolleture, qui élargit la poitrine et les épaules, et qui est soutenue par une guimpe montante; quant à sa garniture, ce sont des dentelles et des rubans.

Pour faire le dos de cette robe, formez votre équerre, placez le patron à l'équerre, dessinez le tour du cou, placez le crayon autour du cou à la couture de l'épaule : avec la main droite tenez le crayon fixé, et avec la gauche prenez le bas de la taille du patron, éloignez-

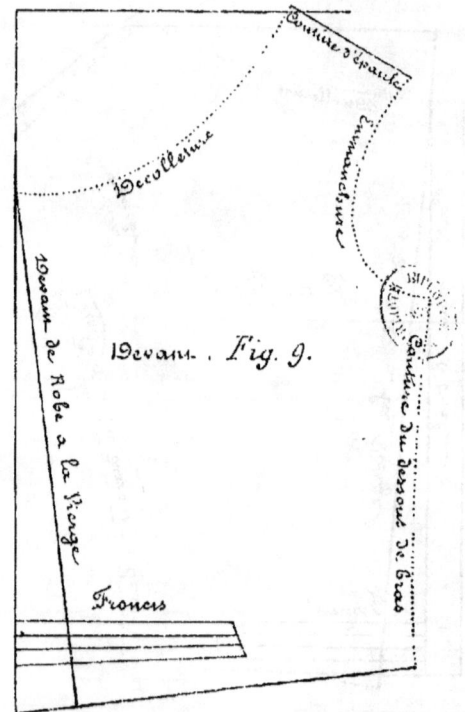

PATRON DE LA ROBE A LA VIERGE (DEVANT).

le de la ligne, de manière à lui faire tracer un pli d'éventail de la valeur d'un tiers de la poitrine, dessinez votre patron tout autour : cette empreinte prise, retirez le patron. Ce tiers de moitié de poitrine fera les fronces du dos comme à la partie du devant.

ROBE EN TOILE DE PIÉMONT

(Modèle de notre gravure Planche XXVI.)

Ce patron est le dos de la capote figure 6 avec son petit côté. La partie du devant est le patron de la capote figure 7, avec les

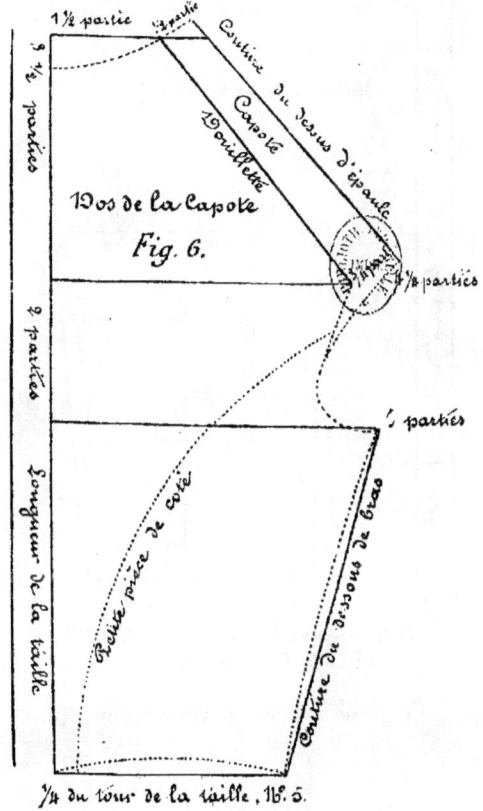

PATRON DE ROBE EN TOILE DE PIÉMONT (DOS).

trois plis cousus sur la gorge. La taille a une ceinture et elle est gracieuse avec de la passementerie et du jais. Nous répétons ici ce

— 114 —

patron de devant de capote. Il est fait également sur le patron de la douillette figure 5; et c'est même le numéro qu'il porte ici.

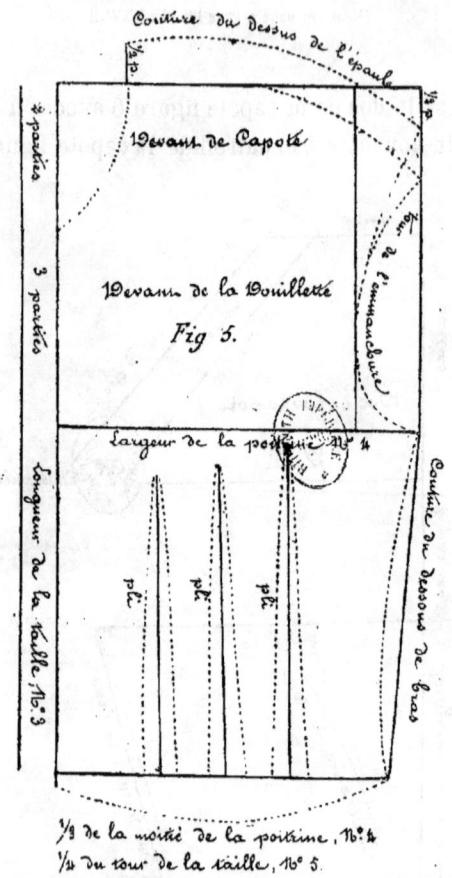

PATRON DE ROBE EN TOILE DE PIÉMONT (DEVANT).

L'enfant n'a pas de taille à sa robe : le devant et le derrière sont formés d'un petit morceau carré, coupé à volonté. Un enfant de cet âge ne supporte guère de mesures.

ROBE EN TAFFETALINE AVEC AGRÉMENTS DE PAILLE.

(Ce patron est le modèle de notre gravure Planche XXVII.)

Ce pardessus est le patron de la douillette, dos figure 4 et devant figure 5.

On a ajouté à ce patron, au dos, droit derrière, la longueur qui tombe sur la jupe de la robe.

Ce dos a une couture derrière. On donne l'ampleur en y ajoutant ce qu'il faut d'étoffe.

On commence à dessiner au bas de la taille, et on descend en élargissant. Le milieu du devant est droit fil; si l'on veut qu'il boutonne, on ajoute pour le croiser. On procède à la couture de dessous comme on a fait à celle du dos; en descendant et élargissant. Le capuchon se fait sur le patron de la douillette, ce qui donne la largeur du tour de cou et celle des épaules. L'échancrure fait les froncis, et la coulisse forme le capuchon. La manche est toujours le même modèle: elle se fait plus ou moins large; la mode indique les garnitures.

Le gilet et la veste du petit garçon se font sur le patron de la douillette dos figure 4 et devant figure 5. On abat la pointe du gilet dans le bas. La veste est ouverte du bas. Vous placez la règle à l'encolure de votre patron afin de soustraire ce qu'il faut pour l'ouverture.

— 116 —

ROBE PRINCESSE FORME REDINGOTE.

(Ce modèle est le patron de notre gravure Planche XXVIII.)

Ce patron est le dos de notre capote, figure 6, et son devant, figure 7.

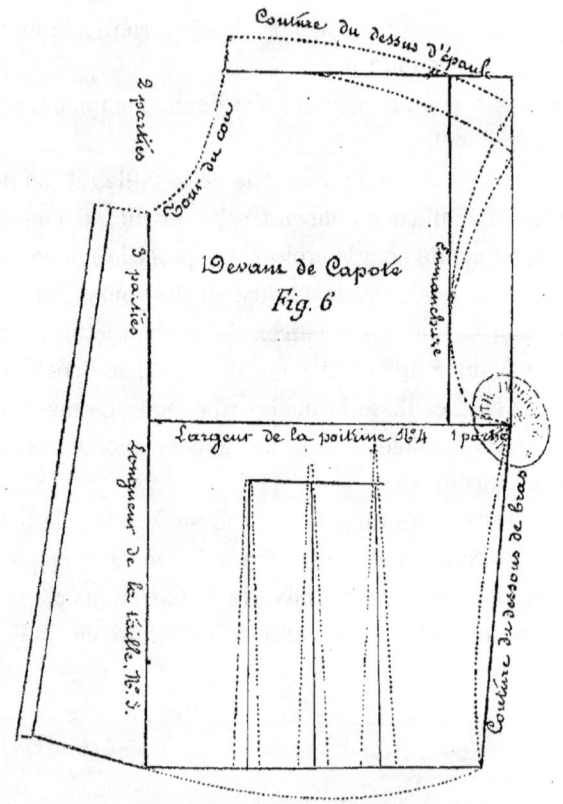

PATRON DE LA ROBE FORME REDINGOTE (DEVANT).

A la couture du devant, on ajoute une partie d'étoffe pour ce que l'on veut que la robe croise.

Ce modèle est garni d'un feston jusqu'au bas de la robe, avec un bouton dans le milieu de ce feston.

La manche est plate et à coude; le bas de cette manche est garni d'un feston comme la robe.

ROBE FORME REDINGOTE.

(Ce modèle est le patron de notre gravure Planche XXIX.)

Ce patron est le dos de notre capote, figure 6 et son devant, figure 7.

A la couture du devant on ajoute une partie d'étoffe, pour ce que l'on veut que la robe croise. Ce modèle est garni. Le dos et le devant se coupent droit fil. La manche est prise en biais.

Comme la couture des épaules est une affaire de goût, nous donnons les deux modèles : Douillette et capote.

COSTUME DE BAINS DE MER.

(Ce modèle est le patron de notre gravure Planche XXX.)

Cette robe est à taille plate. Elle se fait avec le patron, dos de la douillette, figure 4, qui est le petit côté.

Le devant est celui de la douillette, figure 5.

Les plis se divisent comme suit :

A l'équerre de la ligne, nous mesurons un de ces plis; puis nous en mesurons un second, enfin nous en mesurons deux d'un trait. Nous traçons avec le crayon à la couture du devant en commençant à côté et à la hauteur de la petite ligne, et nous descendons l'équerre, qui est la ceinture, rejoindre le point où nous avons marqué le pli. Nous reprenons à la petite ligne, et nous traçons avec le crayon une ligne courbe qui vient rejoindre la marque du second pli. Nous reprenons de nouveau à la petite ligne et nous descendons où nous avons marqué les deux plis. Conséquemment, un pli a disparu à la couture du devant, et deux par le tracé de la ligne courbe, nous joignons par une couture les deux extrémités faites par les deux plis que nous avons enlevés, et nous avons également fait disparaître les traces du troisième à la couture du devant. Cela fait, les coutures réunies donnent le tour de taille. On a placé une petite veste espagnole garnie d'un double feston. Elle se fait textuellement sur le patron de la robe. Il suffit de supprimer l'étoffe suffisante pour ce qu'elle doit rester ouverte. La manche vient en élargissant dans le bas.

ROBE DE CHAMBRE EN FOULARD RAYÉ.

<small>(Ce modèle est le patron de notre gravure Planche XXXI.)</small>

Le patron de cette taille est le dos de la douillette, figure 4, sans petit côté, et le devant, figure 5.

A partir de la ligne du tour de taille, ajoutez, droit devant, la longueur que vous voudrez donner à votre jupon.

Ce devant de taille ne fait qu'une pièce avec le jupon. A la couture du dessous de bras on ajoute également la longueur du jupon.

Pour donner de l'ampleur à cette partie : à la couture du dessous de bras, on commence à dessiner en élargissant jusqu'en bas. L'autre partie du jupon derrière, réunie au dos ; on fait, une coulisse qui se serre à volonté.

Cette robe a beaucoup d'ornements : affaire de goût.

ROBE ET PARDESSUS PINCE-TAILLE.

<small>(Planche XXXII.)</small>

Ce modèle est le dos de la douillette, figure 4, avec son petit côté, et le devant, figure 5.

Nous vous avons donné déjà, plusieurs fois, la manière de former l'ampleur de ce jupon. C'est toujours aux coutures que l'on ajoute l'ampleur, à partir de la ligne de la taille jusqu'en bas.

ROBE D'AMAZONE.

Ce modèle se fait sur le dos de la douillette figure 4 et son petit côté. Partie du devant. Le devant se fait généralement sans pinces, parce que généralement les personnes qui le portent sont minces; si le cas contraire arrivait, il faudrait alors des pinces. Pour faire ce modèle sans pince, ôtez un pli et demi à la couture du devant, et un et demi à la couture du dessous de bras. A partir de la petite ligne qui marque la hauteur des plis, commencez à tracer en creusant jusqu'à l'endroit où vous avez marqué le pli et demi. Cette robe se fait généralement à pointe. Alors, à partir de la petite ligne qui indique la hauteur des plis, à la couture du devant, on commence à tracer et on descend en creusant jusqu'à la ligne de la ceinture où l'on a marqué le pli et demi. A partir de cette ligne, pour faire la pointe, on la prolonge en ressortant jusqu'où l'on veut que la pointe descende. A partir du point du cou où l'on a fixé la longueur, on vient en retournant rejoindre la couture du dessous de bras, où l'on a fait disparaître un pli et demi, comme au devant. Ces robes sont à peu près toujours à revers.

Pour établir un revers : à partir de l'équerre on mesure en venant du côté du bras pour déterminer la largeur. Cette largeur se met en regard de l'équerre, et à partir de l'endroit où nous avons commencé à tracer le pli en perdant, nous traçons en montant et élargissant. Pour donner de la grâce à ce revers, on creuse légèrement en formant une pointe dans le haut, ainsi qu'il est indiqué. On fait aussi un revers rapporté ; pour cela, on enlève la partie pour former l'ouverture, on épingle un morceau de papier depuis le creux de l'estomac jusqu'au cou, et, avec un crayon, on dessine : ceci n'est rien.

Cette taille est garnie d'un petit col fait avec les trois parties comme elles l'indiquent. Le dos de la taille a dans le bas à sa couture, droit derrière, une petite garniture d'étoffe qui forme trois plis de chaque côté et vient finir en pointe du côté du dessous de bras. Cette basquine peut également se faire en cinq petites pièces qui auront à peu près la forme d'un éventail, étant réunies par une couture. Des boutons, de la passementerie complètent cette garniture : la manche est à coude. Quand on veut la taille ouverte du bas, un coup de crayon fait l'affaire.

Dernièrement je venais du bois de Boulogne par l'avenue Victoria. Deux jeunes femmes montées sur de magnifiques chevaux caracolaient suivies de quelques cavaliers noblement montés et richement vêtus. Tous les regards se tournaient vers cette brillante cavalcade. Les deux femmes étaient belles et leurs robes exactement comme celle dont nous venons de tracer le patron les dessinaient et les drapaient merveilleusement.

Je pus, ainsi que tout le monde, admirer la finesse et l'élancement de leurs tailles comme les draperies gracieuses qui couvraient leurs jambes et leurs pieds.

Jadis peu de femmes montaient à cheval, car elles ne savaient où diriger leur course ; mais depuis que le bois de Boulogne s'est transformé, toutes les grâces et tous les genres de beauté peuvent y trouver leur orgueil et leurs plaisirs.

On fait des robes de ville dont la taille est exactement le modèle de la taille de cette robe d'amazone.

La jupe se fait à volonté.

Voici un moyen que nous croyons utile d'indiquer aux jeunes dames qui sont sujettes à des indispositions.

Au lieu de fermer la robe par des agrafes ou des boutons, on la ferme avec un lacet, on prépare les œillets comme pour des bottines ; de chaque côté on pose une petite baleine, un aperçu de baleine, pour tenir la robe tendue.

Pour cacher ce lacet, on prend une bande d'étoffe, qu'elle soit de la même que la robe, une large passementerie si l'on veut, une bande d'étoffe sur laquelle on pourrait poser des boutons, ou toute autre bande dans le même genre. Cette bande s'arrête du haut et du bas quand on a lacé sa robe.

COSTUMES D'ÉTÉ POUR ENFANTS.

(Ce modèle est le patron de notre gravure Planche XXXIII.)

Nota. — Nous vous avons déjà expliqué comment il fallait vous y prendre pour obtenir ces jolis petits vêtements.

Pour ces deux jolies gravures de petites filles, préparez votre patron : la guimpe se fait sur le patron de la douillette et la taille de la robe avec celui de notre robe dos figure 8 et devant figure 9. Procédez de même pour le costume de petit garçon. C'est le dos de la douillette figure 4, et le devant figure 5.

ROBE PRINCESSE

Le patron de cette robe est le dos de la douillette figure 4 et le devant figure 5 dont il faut faire disparaitre les plis. Pour cela nous procédons ainsi : Sur la ligne qui marque le tour de taille

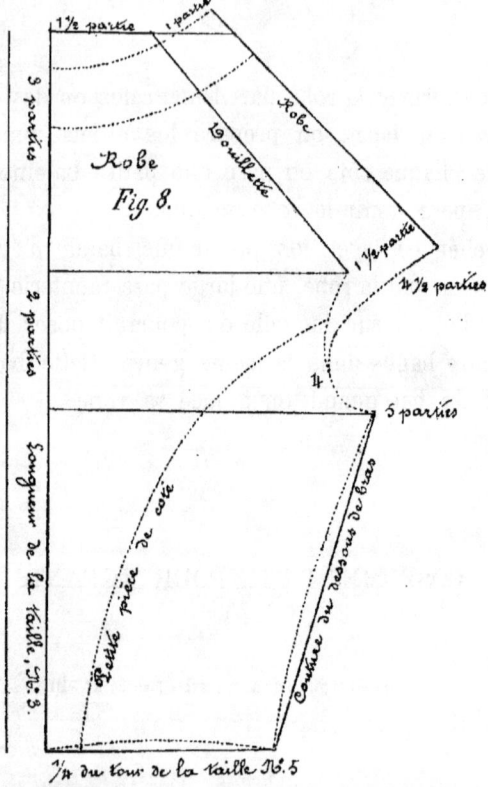

PATRON DE LA ROBE PRINCESSE (DOS).

devant, on mesure un pli et demi : à la couture du dessous de bras on en mesure également un et demi. Ces deux mesures prises, il ne reste plus qu'un quart du tour de la taille. Le patron de la douillette, on le sait, a une petite ligne qui détermine jusqu'où doivent monter les plis au-dessous de la gorge. A partir donc de cette petite ligne, je commence à la couture du devant une ligne de points au crayon qui arrive en s'élargissant, jusqu'à la ligne du tour de taille où l'on a marqué le pli et demi. Pour le pli et demi que nous avons marqué à

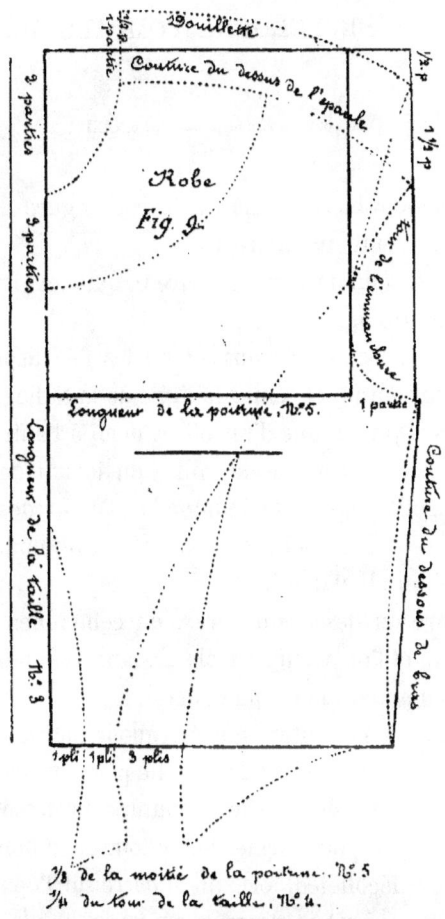

PATRON DE LA ROBE PRINCESSE (DEVANT).

la couture du dessous de bras, on procède de la même manière. La garniture forme un croisé sur la poitrine. Quant à la poche qui se trouve sur le côté répondant à l'ouverture de gauche, sa forme ressort de la garniture. Les robes montantes à taille plate sont plus gracieuses à la taille avec trois plis cousus à la gorge.

ROBE BERGERE POMPADOUR.

(Voir notre planche de modes, figure XXXIV).

Cette coupe de robe est le dos de la robe figure 8, qui a été fait sur le dos de la douillette figure 4.

Le devant est celui de la robe figure 9, qui a été fait sur celui de la douillette figure 5.

Cette taille n'a pas de plis cousus ; on les fait disparaître comme suit : On mesure un pli et demi à la ligne de la taille, un pli et demi sous le bras, ce qui fait que d'un pli et demi à l'autre il doit rester le tour de taille. A la couture du milieu du devant de la taille, et à partir de la petite ligne qui indique la hauteur des plis, on commence à tracer et l'on vient, en élargissant, rejoindre la taille où l'on a marqué un pli et demi.

A la couture du dessous de bras, on commence en perdant à l'emmanchure, et l'on vient, en élargissant, rejoindre la ligne de la taille où l'on a marqué un pli et demi.

Droit devant, à la couture qui marque le tour de taille, on prolonge un peu la ligne au bas de la taille pour former la pointe que l'on trace en montant du côté de la couture du dessous de bras, en arrondissant un peu pour former le contour de la hanche.

Cette robe est décolletée, formant le carré sur l'épaule.

La chemisette qui est au-dessous, qui forme bande, est taillée sur le même patron et s'adapte l'une sur l'autre.

La manche est toujours une manche de fantaisie.

ROBE EN LINOS A PETITS VOLANTS.

(Planche de modes XXXV).

Cette robe est notre modèle figure XXXV.

Nous l'avons dit : il n'y a pas de proportions pour taille d'enfant de cet âge.

La couture du dessus de l'épaule, celle du tour de l'emmanchure, et la couture du dessous de bras, se tracent au crayon, comme nous l'avons démontré.

Le jupon et la taille de cette robe sont d'une seule pièce. De gros plis arrêtés à la ceinture et au-dessous de la gorge forment la taille. On pose cette taille plissée sur le patron pour en obtenir la grandeur. Le tour de la gorge et le bas du jupon sont garnis par de petits volants.

ROBE D'ALPAGA POUR ENFANT.

(Planche de modes XX.)

Cette robe est notre modèle planche XX.

Nous l'avons dit : il n'y a pas de proportion pour taille d'enfant de cet âge.

La couture du dessous de l'épaule, celle du tour de l'emmanchure, et la couture du dessous de bras, se tracent au crayon, comme nous l'avons démontré.

Le jupon et la taille de cette robe sont d'une seule pièce. De gros plis arrêtés à la ceinture et au-dessous de la gorge forment la taille. On pose cette taille plissée sur le patron pour en obtenir la grandeur.

La manche est courte; le tour de la gorge, les manches et le bas du jupon sont garnis d'une bande dentelée.

TOILETTE DE CAMPAGNE.

(Planche de modes XXXVI).

Cette toilette de campagne est notre figure XXXVI.

La taille est le patron du dos de notre douillette figure 4 et le devant figure 5.

A la ligne du devant on ajoute la partie qui croise en plus des largeurs.

Le devant a trois plis cousus qui forment la gorge. La manche est large, avec trois plis autour de l'emmanchure, et est fermée au poignet par une bande. L'ornement est un galon et des boutons ; la jupe ordinaire, relevée par côté.

ROBE EN POPELINE ET ROBE EN DRAP DE FRANCE.

(Planche de modes XXXVII).

Ces deux robes sont faites sur le modèle de la douillette, dos figure 4, et devant figure 5.

La manche est plate. Le patron de cette manche a déjà été tracé.

Je répète qu'il est facultatif de placer où l'on veut la couture de l'épaule.

La douillette est le patron-mère.

Le dos de la douillette étant tracé, ce que l'on ajoute à l'épaule, on le supprime à la partie du devant. Il est quelquefois très-agréable de pouvoir changer avec précision la couture des épaules pour utiliser les morceaux d'étoffe qui n'auraient pas la longueur voulue.

Le bas de la jupe varie suivant la mode et le goût.

SORTIE DE BAL ET ROBE AVEC VESTE AJUSTEE.

(Planche de modes XXXVIII).

Ce vêtement se fait comme nous l'avons indiqué pour les grandes pèlerines. La garniture de tête se plisse à fantaisie.

La deuxième figure est le patron de la douillette figure 4 et le devant figure 5. La manche est un peu large, et le tour du cou est garni avec un petit col fait avec les trois parties dont on a tiré le cercle. C'est après l'avoir tracé que l'on forme la pointe. Suivant la mode, à volonté, la robe est fermée devant par des boutons.

La garniture de la jupe est facultative.

RÈGLES GÉNÉRALES

POUR TOUTES LES

ÉVENTUALITÉS DE LA MODE

TAILLE PLASTRON

POUR LES PERSONNES QUI ONT BESOIN DE GARNIR LEURS ROBES.

Cette taille peut se fermer par devant ou par derrière, à volonté. On la prépare comme suit : Pour couper le dos, on met l'étoffe du milieu du dos à droit fil. La partie du devant se met également à droit fil. On coud chaque partie devant les trois petits plis, que l'on fait au-dessous de la gorge.

Nous avons remarqué que, pour les personnes maigres et qui ont besoin d'avoir leurs robes garnies, mesdames les couturières se servent de la ouate pour garnir les emmanchures, etc., etc. Voici ce que nous conseillons à cet égard, parce que nous nous en sommes rendu compte et l'avons éprouvé nous-même.

Prenez le patron-mère de la douillette, dos figure 4 et devant

figure 5. Coupez une étoffe à votre convenance, sans oublier de laisser tout autour du patron pour ce qu'exigent les coutures.

Cette remarque est générale et nous n'y reviendrons pas, attendu que plusieurs fois déjà nous avons eu l'occasion de la mettre sous les yeux de nos lecteurs. Après avoir cousu les plis indiqués, prenez une planche sur laquelle on fait le repassage (il s'en trouve à peu près dans tous les ménages), à défaut de cela, placez une couverture sur une table, arrêtez-la aux quatre coins, et cela suffira parfaitement. Epinglez le devant tout autour. Cela fait, prenez du crin (le blanc est préférable) posez-le sur les parties qui ont besoin d'être garnies et vous pouvez faire ainsi un buste parfait en proportionnant la quantité de crin aux cavités que vous avez à faire disparaître ; quelquefois même à faire ressortir. Pour assujettir le crin à la doublure de manière à ce qu'il ne s'affaisse pas au bout de quelques jours, il faut en mettre une quantité assez importante et lui faire subir de suite la pression qui doit lui rester. Il faut donc le coudre à grands points et néanmoins le serrer par ces points jusqu'à ce qu'au contact, il simule celui de la chair. Devant, figure 5.

Avant d'épingler sur le tapis la partie du devant, les trois pinces du dessous de gorge doivent être cousues. Pour que ce devant soit bien épinglé, voici comment il faut procéder : posez les épingles au bas de la taille où finissent les trois plis ; continuez à épingler jusqu'à la couture du dessous de bras, montez jusqu'à l'emmanchure : passez vos doigts entre l'étoffe et le tapis pour faire bomber ; remplissez ce vide que votre main aura produit, avec du crin, de la laine, ou n'importe quoi de semblable pour représenter la saillie que vous supposez à la personne pour qui la robe est destinée. Ceci fait : continuez d'épingler tout autour, puis appuyez dessus pour vous rendre compte de la dureté de votre remplissage, car il ne doit pas fléchir sous la pression de votre main. S'il n'est pas aussi ferme qu'une poire que vous y auriez introduite ou une forme de carton, retirez les épingles dans le haut et mettez ce qu'il faudra de plus, en laine ou crin, pour arriver à cette fermeté.

Maintenant, posez votre crin sur cette partie du devant, comme vous l'avez fait pour le dos. La bonne disposition de ce crin dépend de votre goût. Ce crin placé comme nous l'avons indiqué, retirez les épingles et placez ces pièces que vous venez de préparer sur l'étoffe destinée à composer votre taille de robe, car il est bien entendu que ceci n'est qu'une doublure. Étendez bien également cette doublure, faufilez tout autour : réunissez les coutures et essayez.

Cette taille se fait plus ou moins montante, selon que vous la destinez pour être mise avec une robe de ville, ou pour une robe de soirée. La décolleture qui nous paraît convenir le mieux, est celle qui se fait en cœur devant et derrière. Cette taille sera d'un bon effet si elle est lacée, comme on fait pour les bottines ; c'est moins gros et plus délicat que les agrafes. Le tour du cou sera bordé avec un ruban et le bas de la taille aura une ceinture. Elle se formera devant ou derrière, suivant la volonté. Il est bon d'avoir deux tailles ; une pour robe de ville, et l'autre pour robe de soirée.

La dame qui se sera fait une de ces tailles, devra, après l'avoir mise, prendre une nouvelle mesure ; on comprend parfaitement que la première est devenue trop petite.

PATRON POUR UNE ROBE DE BOSSUE.

Les mesures sont exactement les mêmes. Dessinez votre dos en entier. Si la bosse ne se trouve pas parfaitement au milieu du dos, pour que la couture s'y trouve, je mesure le côté de la bosse depuis la naissance de l'épaule jusqu'au milieu du dos, j'étends cette mesure sur mon patron du dos entier ; je fais un point pour marquer la couture, ce qui reste se touvera naturellement l'autre partie du dos et la bosse sera parfaitement emboîtée, comme la couture parfaitement au milieu du dos.

Si l'on veut arrondir ou effacer la bosse, on se servira du patron pour *taille garnie*, et l'on aura recours au crin de la manière que nous l'avons indiqué.

PELERINE DITE BERTHE.

La mode a souvent présenté des robes à tailles plates, garnies de petites pèlerines dont les formes sont variées et que l'on nomme vulgairement Berthes. Pour que ces berthes s'adaptent parfaitement sur les épaules, prenez une grande feuille de papier : formez l'équerre au milieu ; placez-y le dos de la douillette, figure 4, dont vous prenez l'empreinte, et dessinant tout autour, retirez le patron ; prenez le devant de la douillette, figure 5, joignez le patron autour de l'emmanchure et autour du cou ; alors le rond de l'épaule de la partie du devant, devenant inutile, croise sur le dos. On prend pour le devant l'empreinte comme on l'a fait pour le dos : on retire le patron : on place le compas à l'équerre et l'on trace une ligne tout autour : on se sert du crayon à défaut de compas, ainsi que nous l'avons déjà indiqué. Ce cercle étant tracé, vous avez votre gravure de mode ; vous vous en rendez compte, si la pièce est ronde, carrée, ovale, ou à pointe. Comme vous avez la mesure exacte de la largeur de vos épaules et de celle du tour du cou, le cercle que vous venez de tracer vous aidera avec le crayon à faire des points qui détermineront la forme que vous aurez choisie. Cette pièce que nous nommerons Berthe ou pèlerine, se garnit de dentelles, de passementeries, velours et rubans. Souvent encore on garnit ces berthes avec des biais que l'on prépare comme suit :

On prend l'étoffe que l'on destine à cet usage : pour avoir un véritable biais, on plie l'étoffe en mouchoir et on coupe de petites bandes qui servent à faire ces biais, avec lesquels on garnit la pèlerine dite berthe.

Ces biais, comme nous l'avons dit, se remplacent par toutes sortes d'ornements.

Quand on voudra un empiècement qui n'ait pas de couture sur l'épaule, comme cela arrive quelquefois : on rejoint le patron autour du cou ; alors le rond de l'épaule de la partie du devant qui croise sur le dos devient inutile, et l'on mesure trois parties derrière, et une partie et demie devant : on tire les deux lignes qui déterminent la grandeur de cette pièce.

Ce patron est textuellement celui de la pièce précédente pour les mesures.

REGLE GENERALE.

Toutes les fois que les journaux ou la mode vous présenteront des vêtements à pièces, il n'y aura pas d'autre manière de procéder, quels que soient les vêtements.

Vous comprendrez très-bien que votre patron-mère étant fait sur des bases mathématiques et certaines, la mode ne peut le changer ne pouvant changer les formes des corps, mais il est très-facile d'appliquer les modes à ces mêmes formes. Et maintenant que vous avez pu juger et apprécier notre système, je crois devoir oser dire qu'il diffère et l'emporte en progrès sur tout ce qui a été fait jusqu'à présent, dans ce genre, car, sans déprécier le talent des couturières et des coupeurs, dont j'admire souvent les gracieuses et ingénieuses productions ; je dirai que jusqu'ici, on a plié toutes les formes du corps sur un seul et même patron, tandis que les formes du corps, seules, forment les nôtres.

ROBE A BLOUSE.

Pour faire le dos de cette robe, prenez celui de la douillette, figure 4. Faites l'équerre sur une feuille de papier. On place son patron du dos droit à la ligne montante de l'équerre. On trace le tour du cou. Avec le crayon, on retient l'encolure à la couture de l'épaule avec la main droite; avec la gauche, on prend le patron au bas de la taille, on l'éloigne de la ligne en formant le pli d'éventail, de la largeur de la moitié du tiers de la moitié de la poitrine, c'est-à-dire un sixième de la moitié de la largeur de la poitrine, c'est ce qui sert à faire les fronces au bas de la taille derrière.

REMARQUE.

On ne peut pas mettre moins d'ampleur ; mais une étoffe très-mince, telle qu'une gaze, une mousseline peut en supporter un peu plus.

PASSONS AUX LARGEURS.

Sur la première ligne du haut qui aide à former l'équerre, et sur la seconde ligne, nous mesurons la largeur de la poitrine que nous doublons, nous marquons un point. Nous prenons l'autre bout de la mesure où sont marquées les six parties par un zéro, et nous mesurons une partie sur la première et la seconde ligne du point où nous avons marqué la largeur de la poitrine. Ce double de largeur de poitrine sert à faire les fronces qui s'arrêtent sur les épaules et au bas de la taille. Le tour du cou, le dessus des épaules, le tour de l'emmanchure sont les mêmes que ceux de notre patron-mère, dos de douillette, figure 4, et le devant, figure 5.

Voici un moyen très-simple : quand vous vous voudrez préparer un patron de taille à blouse, coupez votre patron en deux, droit depuis le milieu de l'épaule jusqu'au bas de la taille ; ayez une grande feuille de papier où vous tracez ces patrons en les distançant de ce que vous voulez donner d'ampleur à la taille. Que ce soit pour des plis ou pour des fronces, la profondeur des plis, comme l'ampleur est à volonté ; que ce soit des plis ou des fronces, je pose ce devant préparé sur mon patron pour en obtenir l'exacte grandeur.

RÉMARQUE.

J'ai dit d'autre part que, pour les tailles à fronces et à plis, quand ce sont des tailles que l'on double, il est préférable de faire pour la doublure une taille plate, de ne faire des froncis ou des plis qu'à la partie du dessus, qu'on applique ensuite sur cette doublure à taille plate.

MODÈLE ET RENSEIGNEMENTS

Relatifs à une fort jolie taille de robe qui sera toujours de mode, parce qu'elle est gracieuse, et offre l'avantage d'utiliser toutes sortes d'étoffes.

Ce modèle est le patron du dos de robe n° 8 avec son petit côté, et le devant n° 9 auquel on ajoute un petit côté comme celui du dos. Le dos est exactement le même.

On le décolletera suivant qu'on aura décidé que cette robe soit une robe de ville ou de soirée.

Pour le devant, on coupe la doublure ; on coud les trois plis sous la gorge ; on épingle ce devant sur le tapis indiqué, qui est une règle pour toutes les tailles façonnées. On garnit d'une manière très-ferme, et très-scrupuleusement les parties que l'on veut faire ressortir

Nous prenons un morceau d'étoffe : nous commençons à couvrir la doublure de cette taille avec un morceau d'étoffe qui prend à la couture de l'épaule et rejoint la couture du devant. Nous prenons de petits morceaux d'étoffe coupés en biais d'égale largeur. Nous avons de petites épingles, et commençons à épingler une de ces bandes du côté de l'emmanchure, et avec une autre épingle, nous la fixons dans le milieu du devant. Nous reprenons une autre petite bande que nous épinglons à la couture du devant en commençant à l'échancrure, elle vient se croiser sur la première pour en cacher le bout. On continue ainsi jusqu'au bas de la taille en plaçant des bandes croisées les unes sur les autres comme des chevrons. On retire les épingles de la doublure, qui la tiennent fixée sur le tapis ; on passe un fil à l'endroit où l'on a mis les épingles pour arrêter les petites bandes. Cela fait, on prend la petite pièce qui a été préparée pour le côté, on la pose sur les bouts des petites bandes qu'elle efface, tout en servant d'ornement. On réunit les deux parties du devant par une couture ; on fait celle de dessus l'épaule, et on termine par la couture du dessous de bras.

Pour robe de soirée, ces chevrons pourront être faits avec du tulle, de la blonde, dentelles et rubans.

Pour la robe de ville, on peut également les faire avec un ruban, du velours, etc.

ROBE DE SOIRÉE.

Ce modèle est le dos, figure 8, avec son petit côté, et le devant, figure 9.

On fait disparaître les trois plis en mesurant un pli et demi à la couture du devant, et un pli et demi à la couture du dessous de bras comme il est indiqué.

Cette taille de robe qui est décolletée, se fait en prenant un morceau d'étoffe en biais avec lequel on forme cinq à six gros plis. Ces plis sont bien serrés et se croisent à l'épaule. Ils viennent rejoindre la couture du devant en s'élargissant en éventail. On les fait descendre sur la couture du devant, plus ou moins bas, suivant la taille de la personne. On peut, à la place des plis, faire des froncis; seulement on aura soin, dans ce cas, que le morceau d'étoffe pris en biais soit plus étroit du côté de l'épaule que du côté du devant.

On peut également faire cette garniture avec de la dentelle, des rubans et du velours : dans ce cas, on prépare une petite pièce d'étoffe qui doit avoir la longueur d'à partir de l'épaule jusqu'à la couture du devant où on l'arrête, et la largeur que l'on veut qu'elle garnisse. Une fois que la longueur et la largeur sont déterminées, on pose par dessus cette pièce des dentelles, du ruban, de la passementerie, ou toute autre étoffe destinée à garnir la robe.

ROBE DE VILLE.

(Pour ce modèle, c'est le dos de la capote figure 6, et le devant figure 7.)

On prépare sa doublure : on coud à la partie du devant, les trois plis sous la gorge. On épingle le devant sur le tapis ; on prend l'étoffe destinée à la robe ; on forme de gros plis que l'on vient poser à la couture de l'épaule et on leur donne la profondeur qu'on veut. On fait ces plis beaucoup plus profonds et resserrés en allant vers la taille, où ils se terminent en faisant la pointe. On étend le morceau d'étoffe pour venir rejoindre la couture au dessous du bras. On l'étend de même vers la couture du devant où on l'arrête. On coupe son étoffe tout autour de la doublure. Ceci fait : on dépingle la doublure qui est arrêtée sur le tapis ; on faufile tout autour, bien exactement, la doublure à l'étoffe du dessus. Si l'on veut un dos plat, il n'y a rien à changer au modèle qui est indiqué. Si l'on veut un dos avec des plis, on procède exactement comme pour le devant. Nous ferons remarquer qu'en suivant la marche que nous venons d'indiquer, les robes ont toujours un cachet distingué, régulier, et ne se déforment jamais.

MODELE DE LA ROBE A PIECES

Pour faire ce modèle, on prend le dos de la douillette figure 4. On mesure trois parties à la couture du milieu du dos ; on tire une ligne droite jusqu'à l'emmanchure, on coupe la pièce, ce sera le patron pour le dos. On prend le devant de la douillette n° 5. On mesure, à partir de l'échancrure du cou, une partie et demie : avec la règle, on tire une ligne jusqu'à l'emmanchure, comme on l'a fait pour le dos : ceci est le patron pour la partie du devant. Ces morceaux se nomment l'empiècement d'une robe, d'une camisole et même d'un manteau. On échancre un peu l'étoffe de la taille à l'emmanchure du devant et à celle du dos de chaque côté pour éviter les plis qui se formeraient près du bras sans cette précaution.

On décollette plus ou moins cette pièce suivant la destination de la robe. Pour un enfant, on la décollette beaucoup : et souvent on lui donne près des épaules la forme d'un carré.

Il arrive quelquefois que cette pièce n'a que la largeur d'un bracelet, surtout quand elle est appliquée à un vêtement d'enfant.

Pour terminer cette taille, on prend le bas du patron où l'on a coupé la pièce.

Si l'on veut faire une robe avec une étoffe légère et à froncis, on met le double de la largeur du patron, pour faire les froncés.

Si l'étoffe n'est pas légère, on met un tiers seulement. Si l'on veut des plis à la place des froncis, il faut quelquefois plus du double du patron, cela dépend de la profondeur des plis : c'est facultatif.

Les tailles qui ont de l'Empleur font très-souvent un vilain effet pour les plis, parce que l'étoffe ne joint pas assez sur le corps : le moyen que j'indique, de mettre une taille plate dessous, préviendra cette difficulté.

On prend le patron à taille plate, celui sur lequel on a fait l'empièchement, on coupe sa doublure, on coud les trois plis du dessous de la gorge, et puis on épingle ce devant sur quelque chose, comme une table de jeu, avec une planche à repasser ou une couverture arrêtée sur une table pour quelques minutes, comme on l'a déjà dit. On commence par épingler le bas de la taille, c'est-à-dire où les trois plis finissent à la couture. J'épingle la couture du dessous de bras et la couture du milieu du devant jusqu'en face de l'échancrure du dessous du bras. Avec du coton, du crin, ou des étoupes, vous comblez la place de la gorge ; vous garnissez bien afin de figurer parfaitement le corps. Quand vous avez bien bourré, comme je l'indique, vous continuez d'épingler tout autour, sans faire tirer ni bâiller, ni festonner. Alors, si c'était une taille avec des plis, on prend l'étoffe, on commence à la poser sur la doublure épinglée du côté du dessous du bras, en mettant les deux étoffes dans le même sens, ce qui est facile en prenant les deux droits fils.

On continue de plisser son étoffe en lui donnant plus ou moins de profondeur suivant la volonté.

Le pli se fait large dans le haut et vient en rétrécissant à la couture où les plis se joignent et se serrent. Les plis formés, on coupe l'étoffe tout autour.

On dépingle la doublure, et les deux étoffes que l'on faufile restent ensemble. On pose l'empiècement sur la doublure, et l'on termine comme pour toutes les robes. Par ce moyen la robe à blouse ne fera pas de plis disgracieux.

Pour toutes les robes façonnées, nous préparons la doublure à taille plate, comme il est dit, et l'épinglons de la même manière. Cette taille étant épinglée, il est facile de façonner toute espèce de taille suivant la mode et le goût.

PÈLERINE ET PARDESSUS

Dans tous les temps, on a porté des pèlerines. Voici la règle générale pour les tailler, quelle que soit la mode.

Prenez une très-grande feuille de papier : faites l'équerre au milieu, posez le dos de la douillette, figure 4, le long de la ligne montante et dessinez le tour du cou. Avec la main droite, posez votre crayon à l'encolure, avec la gauche prenez le patron au bas de la taille, éloignez-le un peu de la ligne en formant un pli d'éventail. On fera ce pli plus ou moins ample, suivant qu'on voudra donner à la pèlerine plus ou moins d'ampleur. Dessinez le patron tout autour : cette empreinte prise, retirez-le, prenez aussi le devant de la douillette, figure 5, et rejoignez-les autour de l'emmanchure et autour du cou, alors le rond de l'épaule de la partie du devant qui nous est inutile croise sur le dos. On dessine tout autour le devant ; cette empreinte prise, on prend le milieu de l'emmanchure du bras d'une couture à l'autre, on la marque par un point et on prend le milieu du tour du cou comme celui qui détermine la place des épaules, que l'on marque aussi par un point. On place la règle et on tire une ligne d'un point à l'autre. La ligne que nous venons de tirer vient faire l'équerre avec celle tirée sur la feuille de papier pour prendre l'empreinte du dos. On prend un cordon que l'on enroule autour d'un crayon que l'on tient très-droit d'une main, comme si c'était une branche de compas. Avec l'autre main vous tenez le cordon fixé à l'équerre. La longueur de la taille qui a tracé votre patron, détermine la longueur d'une pèlerine que l'on veut qui descende à la taille. On pose son crayon au dos, dans le bas, et l'on forme le cercle en venant rejoindre la première ligne tirée. Si votre crayon a été tenu très-droit et que le doigt qui retient le cordon à l'équerre n'ait pas bougé, vous devez trouver la même hauteur des deux côtés.

Remarquez, que le cercle tracé comme nous venons de le faire donnerait trop d'ampleur à la pèlerine sur le devant à proportion du dos. Pour que ce devant soit proportionné à l'autre partie (le dos) je supprime deux parties en hauteur droit devant et deux parties en largeur, en procédant comme suit. Là où le demi-cercle a été arrêté, je mesure sur la largeur deux parties que je marque d'un point, je pose la règle juste à l'encolure et je tire une ligne qui vient rejoindre le point que nous venons de marquer.

Pour déterminer la hauteur :

Du point où le demi-cercle a été arrêté, mesurez en hauteur deux parties, et de la ligne qui marque le dessus de l'épaule, tracez des petits points qui iront en arrondissant rejoindre l'endroit où vous avez marqué les deux parties. Ces petits points doivent être parfaitement arrondis pour figurer le cercle que vous avez supprimé; quelle que soit la longueur que vous vouliez donner à la pèlerine, fût-ce jusqu'au bas des jambes, le procédé ne change pas.

Ce patron est le patron-mère pour toutes les pièces de ce genre.

OBSERVATION.

Si la mode voulait que ce vêtement fût à pointe par devant, la ligne qui marque le milieu des épaules serait le point de départ où l'on tracerait avec le crayon des petits points pour indiquer la forme. Si la mode voulait que le vêtement fut à pointe, derrière comme devant, c'est aussi de la ligne de l'épaule qu'il faudrait tracer des points en venant rejoindre la partie du milieu du dos, pour tracer la forme que l'on veut donner.

Cette grande pèlerine que nous venons de tracer, n'a pas beaucoup d'ampleur; si l'on voulait qu'elle en eût davantage, il suffirait, quand on pose le dos, de l'éloigner davantage de la ligne qui sert à former l'ampleur.

On voit par notre système, que, pour former les épaules, nous ne sommes pas obligé de faire des plis autour du cou.

Pour toutes les pèlerines, quelle que soit leur grandeur, elles sont infiniment plus gracieuses quand elles ont une couture derrière, et que l'étoffe est mise en demi-biais. Ce demi-biais s'obtient en présentant le patron à l'étoffe qui est mise droit fil. Vous tirez le patron par le haut, l'éloignant de la ligne jusqu'à ce qu'il forme ce demi-biais. En procédant de cette manière le demi-biais donne de la grâce aux épaules.

Quand ce sera une étoffe avec des raies, il va sans dire qu'il faudra les faires rencontrer.

MANIERE DE COUPER L'ÉTOFFE.

Lorsqu'il n'y a pas de couture au milieu, le dos se prend à droit fil, et en demi-biais lorsqu'il y en a une.

Quand les coutures du dessus de l'épaule et du dessous de bras sont préparées, le tour de l'emmanchure doit avoir huit parties et demie pour être conforme à la longueur prise par derrière n° 9, ce que la mode exigera ; la mesure n° 10 prise par devant en sera le point de départ.

Quant aux garnitures de robes, il n'y a pas de mesures. Quand la jupe d'une robe est garnie de biais, comme souvent la mode l'a indiqué, il faut un biais parfait ; c'est-à-dire un carré plié en mouchoir, formant le triangle ; sans cette précaution, les biais se tordraient. Quand on fait les ajoutures qui doivent former la garniture du tour de la robe, les deux pointes doivent être réunies ensemble par les côtés droit fil, d'une manière parfaite. Souvent la mode a donné des biais très-hauts : alors on les double par économie avec de la grosse mousseline. Il faut avoir soin que celle-ci soit prise dans les mêmes biais que l'étoffe. Quand la mode présente des bouillons, si ces bouillons font des froncis et que l'étoffe en soit épaisse, on met d'un quart à un tiers en plus. Si c'est une mousseline ou une gaze, c'est toujours le double. Quand ces bouillons sont formé par des plis, c'est le double. Pour le cas où les plis seraient très-profonds, comme, par exemple, pour des plis contrariés, il faudrait un peu plus du double.

Pour les jupes à volants, quand il n'y a qu'un, les proportions sont les mêmes que pour le bouillon. Quand il y a un second volant, il se fait un peu moins haut et un peu moins ample que le premier, et ainsi de suite pour le troisième, le quatrième et le cinquième. Quand on met plusieurs volants à une jupe, il faut que le nombre en soit impair.

Quand la mode offre des jupes doubles, naturellement on met plus d'ampleur à celle d'en bas. Le plus ou le moins d'ampleur que l'on met à une jupe relève de la mode.

Je crois que nous avons dit tout ce qui concerne les jupes d'une robe.

OBSERVATIONS.

Première observation pour le dos. — Les personnes qui auront la taille bien cambrée, auront soin de creuser leur patron à la taille, afin que la robe colle bien.

Deuxième observation. — Quand une personne a la taille courte et qu'on veut l'allonger, on vient en ressortant à partir de la cambrure jusqu'au point où l'on veut que la taille arrive.
On procède de même pour la couture du dessous de bras.

Troisième observation pour la partie du devant. — Si une personne a le ventre un peu fort : à partir de la ligne qui marque la couture, on vient en ressortant, afin que la robe se prête au contour. Si l'on veut allonger la taille, on prolongera cette ligne en continuant d'élargir.

Quatrième observation. — Avant de tracer les plis que l'on coud sur la gorge, il faut se rendre compte si la personne a la gorge élevée, afin de voir jusqu'où doivent monter les plis. L'usage veut que ce soit un travers de doigt au-dessous de la ligne de l'emmanchure. Si, au contraire, la gorge est basse, on est obligé de creuser les plis davantage, la couture étant plus courte. Si l'on veut allonger un peu la taille, on ressortira comme nous l'avons indiqué pour le dos.

Cinquième observation. — Si les épaules sont saillantes, il faut en élever la couture du devant en proportion, commençant près du cou, où nous avons mesuré une demi-partie, et venir rejoindre en perdant l'emmanchure où nous avons baissé une demi-partie.

Sixième observation. — Lorsque la gorge est basse, la robe devient un peu trop large à la naissance du cou, il est donc nécessaire de rentrer un peu la couture en perdant comme l'indique le devant de la douillette, figure 5, depuis l'encolure jusqu'à l'endroit où la robe s'emplit; sans cela, le haut se trouverait avoir un excédent d'étoffe défectueux.

Septième observation. — Le dos de la douillette se fait de deux manières.

La première, avec une couture au milieu du dos, et l'étoffe se met en demi-biais.

La seconde, sans couture au milieu du dos, et avec de petits côtés. Le devant se prend droit fil, ou demi-biais, suivant la mode et le goût de la personne.

Huitième observation. — La première fois qu'une personne aura tracé un patron, elle fera bien, avant de tailler l'étoffe de sa robe, de couper seulement la doublure, de la faufiler, et de l'essayer pour s'assurer que toutes les mesures ont été bien prises. Si cette taille n'allait pas parfaitement; il faudrait chercher où nos indications n'auraient pas été exactement suivies, et rectifier l'erreur.

L'etoffe taillée il faut coudre comme suit :

On commence par faufiler le dos à l'échancrure du cou, si c'est une couture au milieu. Si c'est un dos, à petites pièces de côté, on les réunit et l'on commence à l'échancrure du tour de bras.

POUR LE DEVANT.

On commence par les plis.

On les faufile.

On pose sur des petits rubans de fil les agrafes et les crochets, puis on pose ses rubans à la couture du devant pour fermer la robe : alors, on réunit le dos au devant en faufilant les deux coutures des dessus du bras, en commençant par l'échancrure.

La couture du dessous de l'épaule se fait aussi au commencement à l'échancrure; si l'une des pièces dépasse l'autre, on arrondit autour du cou.

CECI POSÉ : — La personne fait son patron comme nous le lui avons indiqué par nos figures 4 et 5 de la douillette, notre patron-mère; et modifie ce patron suivant les personnes, et suivant nos remarques qui y sont relatives.

REMARQUE GENERALE.

Pour tracer un patron, soit de la capote, soit de la robe de ville ; on procède exactement comme pour la douillette, et, d'après ceux-ci, pour tous les patrons faits et à faire.

DES MANCHES

MANCHES A COUDE.

Pour cette manche on prépare une mesure particulière. Elle est entaillée d'un bout par lequel on doit commencer à mesurer.

PREMIÈRE MESURE. — On tient le bras plié à la hauteur de la taille, on place le bout de la mesure à la naissance du bras par derrière où les chairs se plient : on la descend jusqu'au coude. On indique cette mesure par une marque au crayon, sur le bord de la mesure, d'un côté.

DEUXIÈME MESURE. — On prolonge la mesure jusqu'à la jointure du poignet et on la coupe.

TROISIÈME MESURE. — On prend la mesure du tour de bras, en l'entourant à ses deux naissances de l'épaule et de la poitrine.

QUATRIÈME MESURE. — Largeur du tour du coude.
On place cette marque au milieu de la mesure par un zéro, indiquant que ce n'est qu'une moitié.

CINQUIÈME MESURE. — On entoure le bras près du poignet et l'on marque dans le milieu de la bande par deux petits zéros.

TRAÇONS LE DESSIN DE LA MANCHE.

Nous prenons une feuille de papier ; nous traçons deux lignes ; une en longueur et l'autre en largeur. Ces deux lignes tracées, nous continuons ainsi :

Première mesure. — On place le bout de la mesure à l'équerre et on la descend jusqu'à la marque du coude.

Deuxième mesure. — On conduit la mesure jusqu'au poignet, et l'on fait un point.

Où vous avez marqué la première mesure qui est la longueur du bras depuis l'épaule jusqu'au coude, tirez une ligne en largeur.

Au poignet, où vous avez marqué la deuxième mesure depuis le coude, tirez une deuxième ligne, également en largeur.

Troisième mesure. — Largeur du tour du bras.

On mesure sur la ligne de l'équerre.

Sur la deuxième ligne, il faut ressortir de la ligne montante ce que l'on veut donner au tour de coude ; puis, de ce point on mesure la largeur du tour de coude qui est la quatrième mesure prise, marquée dans le milieu de la bande par un zéro.

Sur la troisième ligne, on mesure la largeur du bras près du poignet, qui est la cinquième mesure que nous avons prise, marquée dans le milieu de la bande par deux petits zéros.

A partir du point de l'équerre, je mesure en rentrant une demi-partie. A partir de ce point, je trace ma manche en descendant et je la ressors pour former le coude juste au point indiquant cette partie de la manche. Nous avons, sur la troisième ligne du bas, marqué deux fois la largeur du poignet : du point où nous sommes ressortis au coude, nous conduisons notre ligne de couture jusqu'au premier point qui marque les deux mesures du bas.

Sur la première ligne de l'équerre où nous avons marqué la largeur du bras, nous descendons, en arrondissant un peu, rejoindre la deuxième ligne où nous avons marqué le tour du coude, qui est la jointure du bras (saignée).

Nous continuons notre ligne en arrondissant toujours un peu pour marquer la forme du bras, et nous allons rejoindre la troisième ligne sur laquelle nous avons marqué deux fois la largeur du bras autour du poignet.

TRAÇONS MAINTENANT LES ÉCHANCRURES.

Pour former celle de l'emmanchure, on baisse au-dessous de la ligne une partie, du côté du dessous du bras : on commence au milieu de la manche pour arrondir et l'on vient rejoindre le point où l'on a marqué la partie.

La partie du devant de la manche, à partir de la couture du dessous de bras s'échancre un peu en venant du côté de l'épaule pour éviter les plis que pourraient former les mouvements du bras.

Pour le bas de la manche, à partir de la couture de l'arrière-bras à celle du devant, il faut échancrer un peu pour abattre la pointe que donne la couture formée par le biais.

Cette manche s'emploie de préférence pour les robes d'amazone. Sa garniture varie selon la mode.

Selon la mode encore, cette manche peut se faire large, il ne faut pour cela qu'ajouter aux coutures.

MANCHES PLATES.

Comme toujours, nous formons notre équerre sur une feuille de papier, et pour ce genre de manches, nous revenons à notre ancienne mesure qui est la marque n° 7.

Nous plaçons à l'équerre le bout de la bande, et nous mesurons la longueur du bras marque n° 7.

Nous tirons une ligne en largeur.

Sur la première ligne d'équerre, on mesure le tour du bras qui a été pris près de l'épaule n° 2.

Sur la seconde ligne où l'on a marqué la longueur du bras, on mesure la largeur du bras au poignet n° 1 avec le crayon.

Pour tracer la couture de la manche du dessous du bras, on commence à tracer en descendant où l'on a marqué la largeur du haut du bras une ligne un peu contournée qui vient aboutir au point où l'on a marqué la largeur du bras près du poignet.

Pour donner le rond à cette emmanchure, on baisse une partie au-dessous de la ligne du côté de la couture du dessous de bras et du milieu de la manche, on arrive à ce point en arrondissant.

La partie du devant, à partir de la couture du dessous de bras, s'échancre un peu plus pour éviter les plis que pourraient former les mouvements du bras.

Quand on a fait cette manche juste aux poignets, il est nécessaire d'échancrer un peu le dessus de la manche, afin d'éviter les plis que pourraient déterminer les mouvements de la main.

Cette manche se fait plus ou moins large, suivant la mode et la volonté, en suivant toujours les mesures que nous donnons. Cette manche, qui est juste au bras, se coupe toujours dans un véritable biais, afin que rien ne puisse paralyser les mouvements.

Si la manche se fait un peu large, elle supporte d'être mise de droit fil.

MANCHES COURTES POUR BALS, MARIAGES, ETC.

Pour faire ce modèle de patron, on prend le haut du patron de manche plate que nous venons de tracer, le faisant, à volonté, plus ou moins long.

MANCHES AVEC AMPLEUR.

Formez l'équerre, comme de coutume, sur une grande feuille de papier.

Posez la mesure sur l'équerre et mesurez le tour du corps n° 6.

De ce point, tirez une ligne en largeur.

Posez de nouveau votre mesure à l'équerre de cette seconde

ligne et mesurez en largeur la mesure du tour de corps comme vous l'avez mesurée en longueur. Avec un compas, tracez une ligne courbe d'un point à un autre. On peut remplacer le compas par un cordon que l'on place autour d'un crayon : on pose le crayon avec la main droite à l'endroit où l'on a marqué la mesure ; avec la main gauche on prend le cordon que l'on fixe à l'équerre ; on le retient avec un doigt de la main gauche comme si c'était une branche de compas, et avec la main droite on fait marcher le crayon qui trace votre courbe comme l'aurait fait le compas. De cette façon, la ligne courbe se trouve parfaitement tracée.

La manche à ampleur n'est gracieuse qu'autant qu'elle tombe bien. Si la mode exige une manche très-large, on met un peu plus que le tour du corps ; si au contraire les manches sont larges, avec peu d'ampleur, on mettra un peu moins que le tour du corps. Pour la manche d'une ampleur moyenne, le tour du corps est la règle positive. Donc, c'est d'après le tour du corps que vous dirigerez toutes vos modifications.

COUTURE DE LA MANCHE.

Pour tracer la couture de la manche, votre ligne courbe a été arrêtée à la ligne de l'équerre, prolongez-la d'une partie plus bas que l'équerre; replacez votre mesure au milieu de la ligne montante de l'équerre qui représente le milieu de la manche, et mesurez, en descendant, le tour du corps qui est le n° 6; tirez une petite ligne au crayon qui fixe cette longueur; sur cette ligne, mesurez la largeur du bras au poignet, qui est le n° 1. Un peu plus haut, à la partie la plus forte du bras, avant le coude, marquez la largeur du bras.

Avec le crayon, tracez la couture de la manche en commençant où nous avons arrêté la ligne courbe, c'est-à-dire où nous avons prolongé la ligne courbe d'une partie. De ce point nous traçons la ligne de la couture en creusant pour venir passer vers la largeur du bras au-dessous du coude et aboutir à la largeur du bras près du poignet.

Pour obtenir la mesure exacte que doit avoir la longueur de la manche, à partir du point de la ligne de l'équerre d'où nous avons prolongé une partie en descendant, remontez une partie, placez la mesure à ce point que vous avez dû marquer et mesurez la longueur du bras, à partir de ce point, en arrondissant, et venez aboutir, en passant à côté de la largeur du bras au-dessous du coude, à la largeur du bras près du poignet.

Comme cette manche serre un peu le poignet, il est nécessaire de l'échancrer dessus pour éviter que les mouvements de la main fassent se produire des plis. A partir de la couture du dessous de bras, la partie du devant s'échancre un peu pour éviter les plis que pourraient former les mouvements du bras.

L'étoffe de cette manche se coupe droit fil. Si l'on veut doubler la manche, il convient de faire une manche plate de la doublure, parce que, si l'on fronce la doublure avec l'étoffe, la manche sera trop lourde et les froncis moins gracieux.

Pour ajuster cette manche :

Passez les fils qui marquent les froncis, posez les froncis sur votre doublure qui vous indiquera où vous devez les arrêter : la couture qui se fait sous le bras réunit toutes les parties.

Là finit notre tâche. Nous espérons que ce travail sera utile à nos semblables : c'est en cela, comme nous l'avons dit dans notre préface, qu'est notre plus grande ambition; ce sera, si nous avons réussi, notre plus belle récompense.

Le cadre de notre livre ne nous permettant pas d'exposer notre mesure en son entier, nous avons dû la couper en trois parties. Pour l'avoir dans son entier, il suffira de joindre, comme nous l'avons déjà dit page 33, la lettre A à la lettre B, et la lettre C à la lettre D. Comme cela, nos trois parties de mesure ne feront plus que notre mesure dans son entier parfait.

A MA FILLE

LA MODE

Cette lettre est le complément de mon ouvrage sur l'art de la toilette. Tu liras cet ouvrage ; tu t'en rendras compte, et tu me diras l'effet qu'aura produit son apparition chez ta bonne maman, sans omettre aucune des réflexions qui auront pu être faites par la société d'élite qui fréquente le château.

Je l'ai dit dans ma préface, le travail que j'ai fait m'a donné des résultats qui ont dépassé mon attente. Cependant je ne m'en suis pas tenue là. J'ai poussé mes investigations très-loin ; et lorsque tu auras fait l'étude approfondie de l'*Art de la toilette*, je mettrai sous tes yeux et livrerai à ton intelligence un nouveau travail qui sera aussi intéressant par son utilité que piquant par sa nouveauté, travail qui n'aura rien de commun avec l'art de la toilette, et pourtant qui dérivera du même système.

Aujourd'hui, j'ai à te parler de la mode. Mon livre donne tellement les moyens de la suivre, que je dois te prémunir, non contre lui, car mon système est le dernier mot sur l'art de la toilette ; mais sur les erreurs où peut quelquefois tomber une jeune fille, et même une dame, dans toute la force de son intelligence, en s'appliquant la mode.

La mode est la plus volage, la plus capricieuse, la plus bizarre des déesses qui gouvernent le monde; mais c'est aussi la plus exigeante, la plus impérieuse, la plus forte. Il faut se soumettre à ses volontés, sous peine d'être ridicule; et elle a une telle influence sur le cœur humain que l'on se trouve heureux de la domination qu'elle impose; on l'écoute, même dans ses excentricités grotesques.

La mode n'est pas seulement l'ajustement des femmes, fait de telle ou telle façon : le paletot de 1865 pour l'homme, ou l'habit de la République. La mode est un désir de progresser dans la beauté, dans la grâce; de se donner ces qualités, qui sont en effet le complément de la création; d'imiter ce qu'on voit de beau, de grand, de nouveau; de dépasser ce qui a plu d'abord; de perfectionner quand on ne peut pas inventer. La mode s'étend sur tout : la littérature, la peinture, la musique, l'architecture, les arts et les sciences. Elle les modifie suivant les époques, ou plutôt suivant ses caprices. Elle ne voit qu'une chose, le changement; mais le changement avec le mieux. Souvent elle s'est trompée et se trompe; ses volontés n'en sont pas moins suivies; elle se trompera tant que durera la race humaine, et la dominera quand même. Il est vrai qu'elle est toujours de bonne foi.

La mode est un être éternel dont la destinée est de mourir sans cesse et de ressusciter en même temps. Les misérables la tuent, les grands l'enfantent. Louis XIV se plaignait d'avoir perdu ses cheveux, un courtisan lui répondit :

— Qui est-ce qui a des cheveux aujourd'hui !

Lorsqu'il n'eut plus de dents, il s'en plaignit encore; il lui fut également répondu :

— Sire, qui est-ce qui porte des dents !

Louis XIV se fit faire une perruque, tout le monde en porta. L'art du dentiste n'étant pas au point où il est aujourd'hui, le grand roi fut obligé de manger de la bouillie, et son époque se passa de dents. Aujourd'hui, non-seulement on se met des mâchoires et des perruques, des yeux, mais encore des nez, des jambes, des bras.... on est parvenu, je crois pouvoir le dire, à changer indifféremment toutes les parties de son corps, modifiant les mauvaises et les défectueuses, embellissant les laides, remplaçant celles que l'on a perdues, et s'appliquant celles que l'on n'a jamais possédées.

Le genre humain a raison; il faut progresser et tendre sans cesse vers le beau, le bon, le confortable; je dirai même l'excellent. Il faut que l'homme cherche le progrès et qu'il le développe, car l'état stationnaire est un recul. Il faut que la femme progresse aussi, et varie ses manières et ses vêtements suivant la marche de la civilisation; et chaque peuple doit faire ses efforts pour marcher à la tête des autres, et leur imposer ses inventions et ses produits. De là naît le perfectionnement; de là encore naissent la richesse et la puissance, le bien-être et la félicité.

Toi, mon enfant, qui ne comprenais la mode que dans son acception relative aux variations des vêtements, tu en comprendras à présent la grande portée.

Tu prendras mon livre pour guide, et tu ne te laisseras jamais aller aux ridicules de la mode. Il faut suivre la mode, mais en l'appropriant à soi-même. Voilà en quoi la mode embellit; voilà en quoi mon livre est indispensable. Si, par exemple, la mode veut que la jupe soit gonflée par une crinoline, elle ne veut pas, pour cela, qu'il n'y ait qu'une crinoline. Parce que la crinoline doit donner de l'ampleur, il ne faut pas croire que vous serez mieux, d'autant que votre crinoline sera plus immense, plus impossible. Une femme courte et grosse ne doit pas avoir la même qu'une femme mince et élancée. Il en est de même pour tous les vêtements. Je t'ai cité la crinoline et t'ai donné un exemple entre mille qui s'offrent sur tous les lieux et dans toutes les circonstances, et je t'ai parlé de ce sous-vêtement parce qu'il a été exagéré jusqu'au ridicule, jusqu'à l'excès. Le goût l'a mis aujourd'hui dans des proportions sortables; on a même déjà essayé de le dédaigner et de le faire disparaître, mais le grand nombre est pour lui, et son agonie sera longue.

Mon but, dans cette lettre, a été de te donner une idée large sur la mode, et de te montrer qu'il n'en faut prendre pour son usage que ce qui est en harmonie avec son âge, sa fortune, sa conformation, et avoir soin de l'associer sans cesse à la modestie et à la vertu.

MARIETTE.

FIN.

NOTA. — Les personnes qui désireront des patrons, d'après le système de l'*Art de la toilette*, les recevront contre un franc cinquante centimes envoyés franco à Mlle MARIETTE, rue Feydeau, 4, à Paris.

Leçons particulières, 4, rue Feydeau, à Paris.

LAGNY. — IMPRIMERIE DE A. VARIGAULT.

Pl. 4. — ROBE EN LINOS. — CHEMISE EN FOULARD.

PL. 5. — ROBE EN LINON GARNIE D'ENTRE-DEUX EN DENTELLE.

PL. 6. — COSTUME DE PETIT GARÇON (DEVANT).

PL. 6. — COSTUME DE PETIT GARÇON (DOS).

PL. 7. — TOILETTE D'INTÉRIEUR. — ROBE DE CHAMBRE A PÈLERINE.

PL. 8. — ROBE PRINCESSE EN TAFFETAS.

Pl. 9. — TOILETTE DE SOIRÉE. — ROBE EN SATIN ROSE.

Pl. 10 — ROBE EN POPELINE ET VESTE ESPAGNOLE.

PL. 11. — ROBE ET PARDESSUS EN TAFFETAS NOISETTE.

PL. 12. — ROBE EN LINOS AVEC BASQUES LONGUES.

PL. 13. — BALSTRAVESTIS. — COSTUMES CROATES.

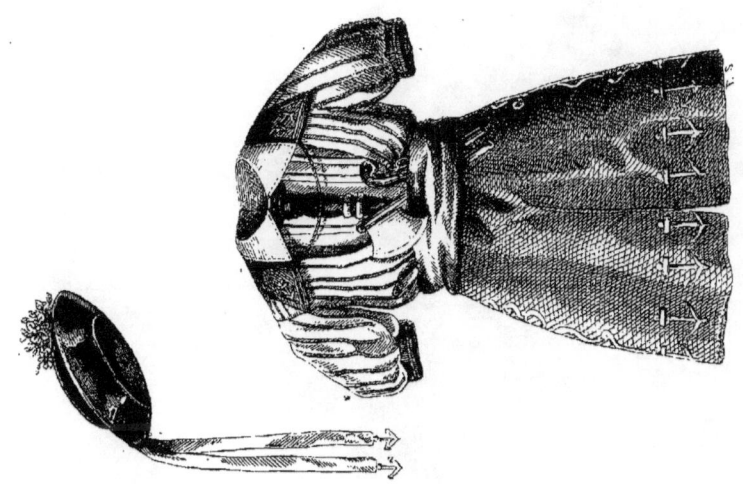

BALS TRAVESTIS.

PL. 14. — COSTUME DE MATELOT.
(PETIT GARÇON.)

PL. 15. — COSTUME NAPOLITAIN.

Pl. 15 — TOILETTE BAINS DE MER.

PL. 16 — COSTUME ESPAGNOL.

PL. 17. — COSTUMES DE PATINEURS. — POLONAISE.

PL. 18. — TOILLETTES D'INTÉRIEUR. — ROBE EN VELOURS ANGLAIS.

Pl. 19. — ROBE EN LINOS AVEC JUPON PAREIL.

PL. 20. — ROBE EN ALPAGA A DENTS.

PL. 20. — ROBE ET PARDESSUS EN PIQUÉ FOND BLANC.

PL. 20 BIS — ROBE ET PARDESSUS.

PL. 21 — LA BALANCEUSE. — ROBE EN FOULARD ET TOILETTE DE JEUNE FILLE.

PL. 22. — MODE D'ENFANTS.

PL. 23. — TOILETTE POUR DAME ET ENFANT.

Pl. 24. — TOILETTE DE MARIÉE.

PL. 23. — TOILETTE DE SOIRÉE. — ROBE EN MOIRE EN RAIES SATINÉES.

PL. 26. — ROBE EN TOILE DE PIÉMONT

PL. 28. — ROBE PRINCESSE, FORME REDINGOTE.

PL. 29. — ROBE FORME REDINGOTE.

L. 30. — COSTUME DE BAINS DE MER.

Pl. 31. — ROBE DE CHAMBRE EN FOULARD RAYÉ.

PL. 32. — ROBE ET PARDESSUS PINCE-TAILLE.

Pl. 13. — COSTUMES D'ÉTÉ POUR ENFANTS

PL. 34. — BALS TRAVESTIS — BERGÈRE POMPADOUR.

PL. 33. — ROBE EN PIQUÉ.

PL. 35. — ROBE EN LINOS A PETITS VOLANTS.

Pl. 36. — TOILETTE DE CAMPAGNE.

PL. 37. — ROBE EN POPELINE ET ROBE EN DRAP DE FRANCE.

PL. 38. — SORTIE DE BAL ET ROBE AVEC VESTE AJUSTÉE.

EN VENTE A LA LIBRAIRIE CENTRALE

Les Contes de Fées, de Mme LE PRINCE DE BEAUMONT, illustrés par Gavarni, avec une préface de Néry, un beau volume in-18... 10

Enclume ou Marteau, roman contemporain par CHARLES VINCENT et ED. DIDIER, un vol. in-18 orné de 16 vignettes...... 3 50

L'Algérie, son histoire, ses mœurs, ses légendes, par FRANCIS TESSON, un vol. grand in-4° orné de trente dessins sur bois...... 2 50

Romans Enfantins, par PAUL FÉVAL, un vol. grand in-8°, illustré par Léopold Flameng, avec un portrait de l'auteur......

La Foire aux Grotesques, par PIERRE VÉRON, un vol. in-18.... 3

L'École des Loups, par OCTAVE FÉRÉ et J. CAUVAIN, un vol. in-18. 3

Les Buveurs d'absinthe, par OCTAVE FÉRÉ et J. CAUVAIN, un vol. in-18........ 3

Les Quatre Coins de Paris, par LÉO LESPÈS (Timothée Trimm), un vol. in-18....... 3

Les Tableaux Vivants, par LÉO LESPÈS, (Timothée Trimm) un vol. in-18...... 3

PRINCIPAUX JOURNAUX DE MODES DE PARIS

L'Illustrateur des Dames, journal des soirées de famille, paraissant tous les samedis, avec de nombreuses gravures de modes et travaux à l'aiguille.
1re ÉDITION. — 52 numéros par an et 52 planches : modes coloriées, tapisseries coloriées, patrons et broderies. — Abonnement : un an, 22 fr. — Six mois, 12 fr. — Trois mois, 6 fr. 50.
2e ÉDITION. — 52 numéros et 12 planches de patrons et broderies par an. — Paris, un an, 12 fr. — Départements, 14 fr.

La Joie du Foyer, 24 numéros illustrés, 12 planches de modes coloriées, 6 planches de tapisseries coloriées et 6 planches de patrons et broderies par an. — Abonnement : un an, 10 fr.

La Mode de Paris (REVUE DU MONDE ÉLÉGANT), rédactrice en chef, Mme la comtesse DASH. — 24 numéros, 24 planches de modes coloriées. — 8 planches de travaux. — 8 planches de patrons et broderies. — 6 planches de tapisseries coloriées. — Abonnement pour Paris, 15 fr. — Départ. 18 fr. par an.

La Boîte à Ouvrage, journal mensuel illustré des travaux à l'aiguille et des modes de Paris. DEUX francs par an.

Bureaux : rue de Rambuteau, 84, à Paris, pour les quatre journaux ci-dessus.

LAGNY. — IMPRIMERIE DE A. VARIGAULT.

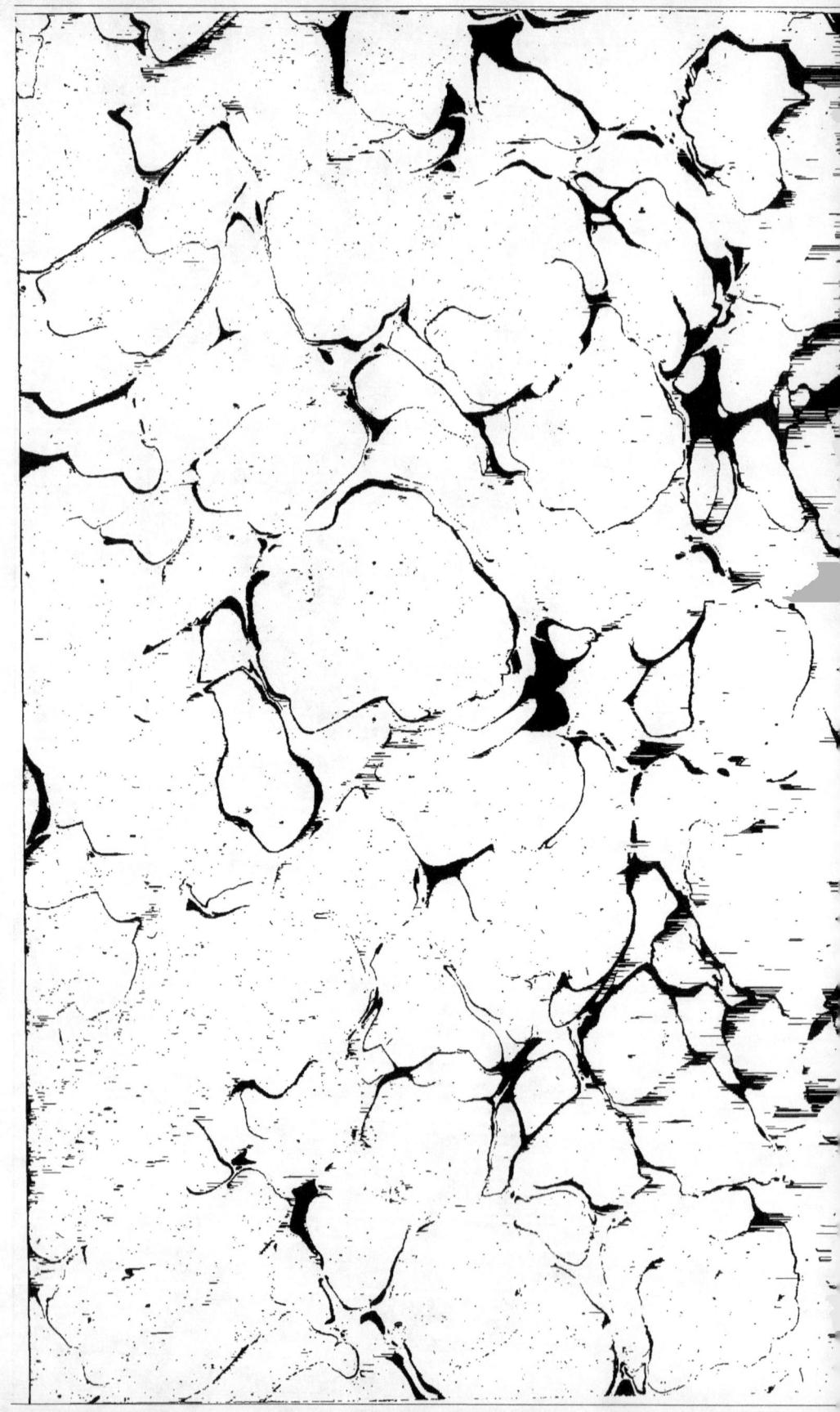

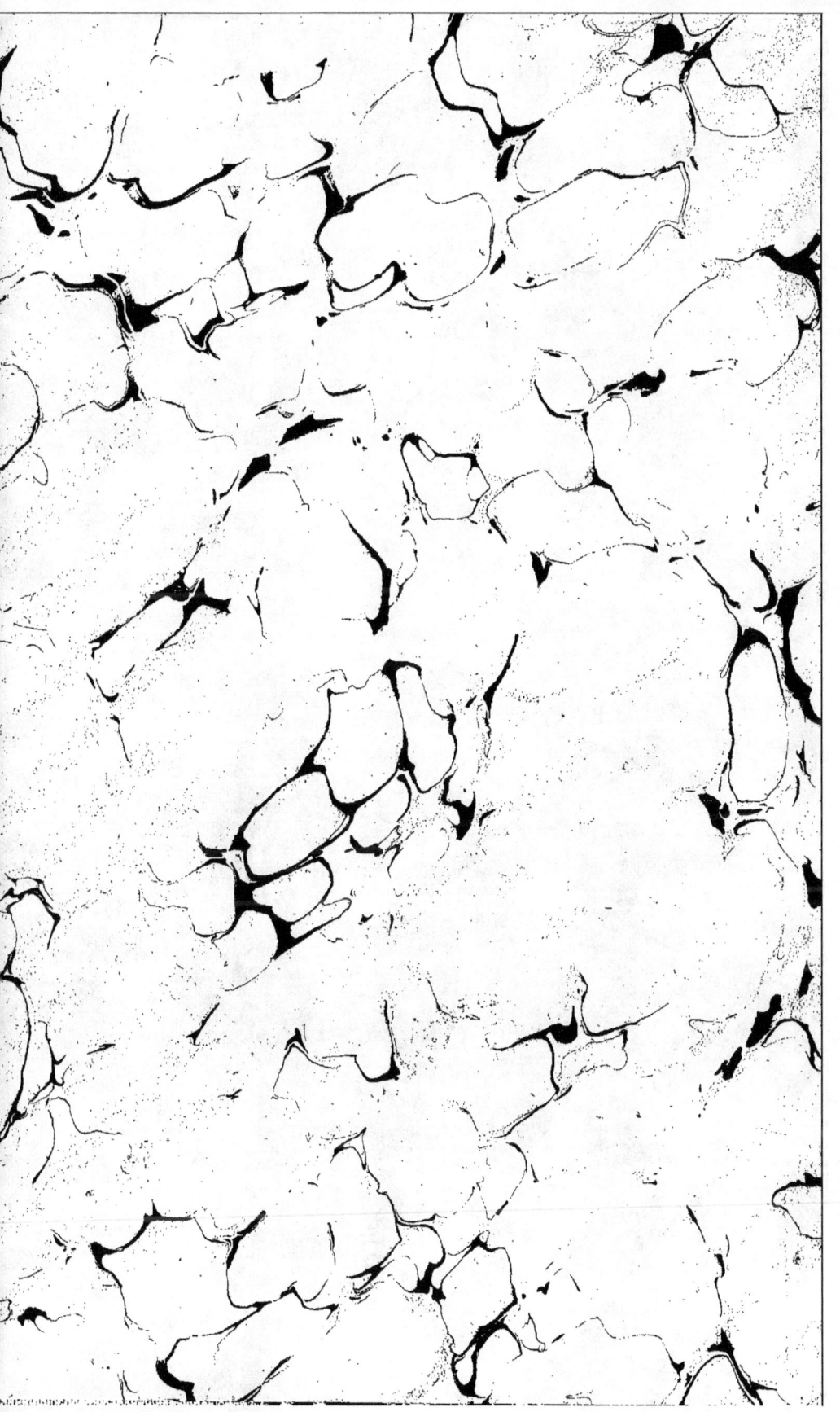

www.ingramcontent.com/pod-product-compliance
Lightning Source LLC
Chambersburg PA
CBHW070620170426
43200CB00010B/1865